歴史文化ライブラリー
136

都市図の系譜と江戸

小澤　弘

吉川弘文館

原則として、初版で掲載した口絵は割愛しております。

目次

1　都市と都市図

都市と都市図――プロローグ

都市と都市景観図

日本の都市景観図は、世界でも独自な展開をとげた。とくに室町後期に成立した応仁の乱後の復興する平安京（京都）の景観を、金箔押し地の雲形を用いて空間と時間の処理をした屏風絵《びょうぶえ》「洛中洛外図《らくちゅうらくがいず》」は、その嚆矢《こうし》といえる。こうした日本の都市景観図は、近世に入っても引きつづき描かれたが、その代表作品は、まず寛永期の建設途上の武都・江戸を描いた出光美術館蔵「江戸名所図屏風」と、江戸幕府三代将軍徳川家光の事蹟を顕彰したともいうべき画題の、江戸府内とその北郊の景観を鳥瞰図《ちょうかんず》として表現した国立歴史民俗博物館蔵「江戸図屏風」である。

この二つの屏風絵は、地理的な主題が新しい権力の拠点「江戸」に向けられたことに比して、その部分的な構図のいくつかは京都への憧憬《しょうけい》にあるといってよいかもしれない。そのことは、新しい武都・江戸の、そして新しい権力者徳川将軍家とそれを支える武家政権が当面の目標とした文化の有り様を示しているといえる。いわば、その美的表現を金碧《きんぺき》の桃山様式によって表したものが、この二つの都市図屏風といえるのではないか。

さて、このような伝統的な都市景観図に対し、近世後期になるとさらに新しい都市景観図が登場する。それが一点透視図法《いってんとうしずほう》を用いた、見た目にシームレスで都市景観を疑似的に表現した作品である。その代表が、鍬形蕙斎紹真《くわがたけいさいつぐざね》の描いた「江戸一目図《ひとめず》（江戸鳥瞰図）」と称される一連の作品である。すでに西洋では、俯瞰《ふかん》都市図の試みや、十五世紀初頭にイタリアのブルネルレスキによる透視図法の創案があり、十七世紀には覗きからくりが考案された。こうした絵画技法が、江戸時代の鎖国下、オランダや中国の長崎交易をへて日本にも伝来した。浮世絵における「浮絵」形式の流行がその一例である。そのほか、京の円《まる》山応挙《やまおうきょ》の「眼鏡絵《めがねえ》」、そして各地の寺社境内などでの見世物芸の覗きからくりによって、一点透視図法の絵画が広まったのである。

こうした新しい視点や画法を用いた新しい日本の都市景観図は、多くの近世人たちに驚きをもって迎えられた。その証左は、多色摺り木版画や銅版画によって多量に生産された

「江戸名所之絵」あるいは「江戸一目図」と称された都市景観版画の存在からも明らかである。この「江戸」を画題とした新たな都市景観図は、その都市に「京」「大坂」も加えた三都景観図を、再度幕末に作らせることとなった。また、横山華山の「花洛一覧図」や円山応挙の「京都一望図」なども、新しいタイプの「洛中洛外図」といえる。

日本における都市景観図の成立を考えるうえで、十世紀の「やまと絵」成立以前からある、鳥瞰図法を用いた絵画の存在はきわめて重要な意味をもっている。また、山水図をはじめとし、さまざまな物語絵や社寺縁起絵、あるいは社寺参詣曼荼羅《まんだら》や宮曼荼羅などの作品も、都市図成立の系譜を考えるうえで留意すべき存在である。

そうしたなかで、正倉院御物《しょうそういんぎょぶつ》の墨画《ぼくが》「麻布《まふ》山水図」は、八世紀における鳥瞰図法の早い使用例として、よく知られている。やまと絵の成立期に相当する平安中期、その展開期ともいえる平安後期から院政期、また鎌倉期から室町期にかけて、さらに新しい漢画の技法や画題が導入された。やがて室町後期になり、この新しい中国の画題と技法の漢画と、平安朝以来のやまと絵という、二つの絵画の流れの折衷を積極的に推進した初期狩野家の活躍する時代を迎えて、日本絵画の世界は画題や画法も多様に展開した。

この室町期の鳥瞰図の代表的な作例として、雪舟《せっしゅう》の「天橋立図《あまのはしだてず》」がある。この図は、中島純司によれば、宗教的世界を意図して構成したため、実際の景観とは異なり、恣意的に構図上の改造がなされているという。こうした宗教的世界観によるデフォルメは、いわば絵画のもつ特質の一つである。また、特定の宗教的世界観でなくても、絵師が、あるいは注文主がもっている世界観を示すものの一つが、絵画という表現手段なのである。

これらの絵画的特質を内包する部分図というものを組み合わせ、集大成し、都市の姿を絵画イメージとして表現したものが、日本の都市図である。

絵図と地図

さて、特定の地域を表現する二次元的表現に、「絵図」と「地図」というものがある。どちらも、媒体として図という形態をとるが、「絵図」は具体的表現で、「地図」は記号化された抽象的表現である。これらの作品としては、古くから開田図や条里図、そして荘園絵図や領地争論の裁許絵図などが作られてきた。また寺社境内図なども作られた。

こうした図には、地図としての意識とともに、主要な建物（本堂・塔・鐘楼など）や大木、あるいは鳥居などが具体的に絵画表現として描かれた。いわば「地図」のなかに「絵図」表現が混在するのである。

これから見ていく日本の都市図の系譜では、その構図構成の部分（モティーフ）にかかわるものとして「地図」の存在にも注意を払いたい。そういう意味で、一部の景観描写を絵画化した「絵図」の都市図も取り上げる。

　そこで本書では、日本の都市図の成立とその系譜を一覧し、都市景観図の二つのタイプを紹介し、とくに近世都市として発達した武都・江戸を画題とした作品を中心に、その特色について明らかにする。

都市図の系譜

都市図成立の源泉

日本の都市というものが、どのような歴史的経緯をへて絵画表現をされるようになったのであろうか。そもそも「都市」という概念規定から始めるべきだと思うが、そのことだけでも大きなテーマであるので、ここでは触れない。

千年の都・平安京を画題とした現存百余点の「洛中洛外図」や「京名所図」をはじめ、十七世紀初頭に成立した武都であり水辺の都市を描く「江戸図」、また古都奈良の近世の名所地を画いた「奈良名所図」、近江の八景を画題とした「近江八景図」や「近江名所図」、そして近世の城と城下町の景観を画題とした「大坂城図」「高松城図」「金沢城図」「延岡《のべおか》城図」「高遠《たかとお》城図」などが作られ、それらの作品の一部が現存する。

こうした室町後期から江戸期に作られた都市景観や都市風俗をテーマとした絵画作品がある。そのなかで、とくに大画面形式の屏風絵の画題として都市の全景を描いたものがある。これらの作品を重点的に取り上げ、その成立の源泉、要因、構図、描法などの仕組みを見てみよう。

そこで、日本の都市図の成立に大きな影響を与えたと思われる作品を、とりあえず通覧してみよう。

麻布「山水図」と「晴明上河図」

「洛中洛外図」や「江戸図」を生み出した日本の都市図の源泉は、どこまで遡れるのであろうか。現存する作品のなかでは、八世紀の二枚の「麻布《まふ》山水図」（正倉院蔵）が、まず挙げられよう。風景画は、古くは山水図といわれた。この「麻布山水図」を見ると、水景の中に島が突き出ていて、四阿《あずまや》があり、人物がおり、秋津洲《あきつしま》の象徴やトンボが飛んでいるという情景である。この場合、人物は水平面からの視点で、そして島や海は俯瞰《ふかん》図法（鳥瞰《ちょうかん》図法）で表現され、しかも水平線は見えないような視点で描かれている。

一方で、中国の清明節《せいめいせつ》を描いたといわれている図巻がある。十二世紀後半の北宋の画家、張択端《ちょうたくたん》筆の「晴明上河図《せいめいじょうかず》」（北京・故宮博物院蔵）に始まるという、たくさんの写本が伝

「麻布山水図」(正倉院蔵)

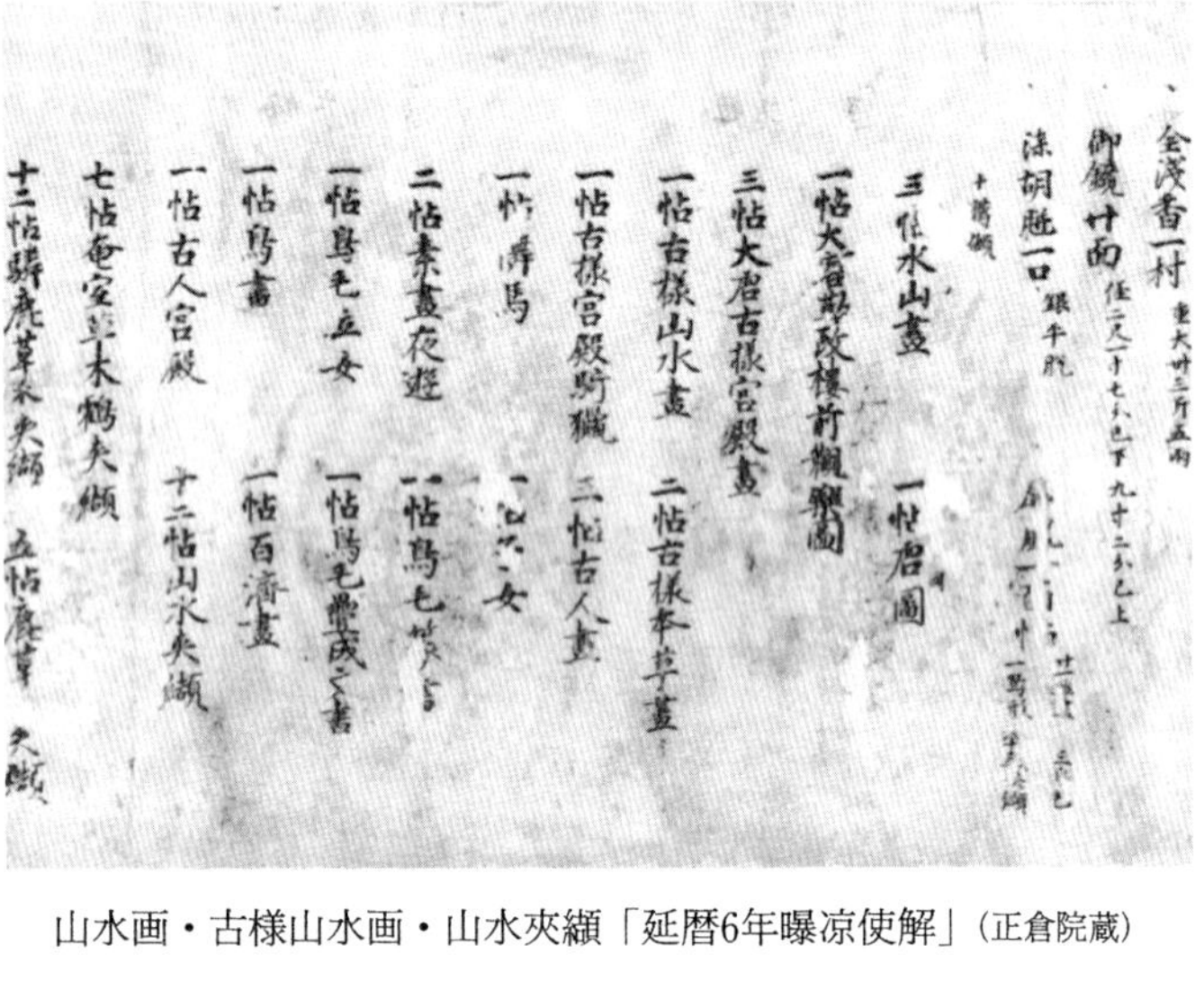

金淺香一村
御鏡卅面
漆胡瓶一口
三帳水山畫　一帖屏圖
一帖大唐勤政樓前觀樂圖
三帖大唐古様宮殿畫
一帖古様山水畫　二帖古様本草畫
一帖古様宮殿騎獵　三帖古人畫
一帖騎馬　一帖　女
二帖素畫夜遊　一帖鳥毛
一帖鳥毛立女　一帖鳥毛帖成文書
一帖鳥畫　一帖百濟畫
一帖古人宮殿　十二帖山水夾纈
七帖亀甲草木鶴夾纈
十二帖騎鹿草木夾纈　五帖鹿草夾纈

山水画・古様山水画・山水夾纈「延暦6年曝涼使解」(正倉院蔵)

わる作品群である。この「晴明上河図」は中国の作品であるが、首都汴京《べんけい》の活気ある都市景観を描写しており、日本の都市図形成に何らかの影響を与えたものと思われる。とくに市橋の太鼓橋状の情景描写などからは、近世期の作品の、狩野休栄《きゆうえい》や鶴岡盧水《ろすい》、葛飾北《かつしかほく》斎《さい》などの描いた「隅田川両岸図」の両国橋の構図が想起される。河川の舟運《しゆううん》、陸上の牛馬の運送などの喧噪《けんそう》のなかで、市中の酒家や商店に人々が往来する様子も細かく描かれている。また、都市への入口を示す石造の城門や、都市との境界を現実的に示す城壁が描かれ、中国の城郭都市の象徴が表現されている。

また、琉球伝来物という「西湖図《せいこず》」（檀王法林寺蔵）が現存する。この「西湖図」は、中国の有名な湖の西湖と城郭都市の様子が表現されており、そこには日本とはかなり異なる城郭に囲まれた都市景観が展開する。

山水画と山水屏風

中国の山水（山岳や河水の風景）を画題とした作品は、唐絵《からえ》が舶載《はくさい》されて以来、日本でも数多く描かれてきた。その起源は、中国の漢代に始まるといい、その基層には神仙思想の流行があった。唐代には、水墨画による豊かな山水表現が可能となり、山水画の発展につれてさまざまな遠近法や透視図法や構図法が案出され、山水表現に用いられるようになった。

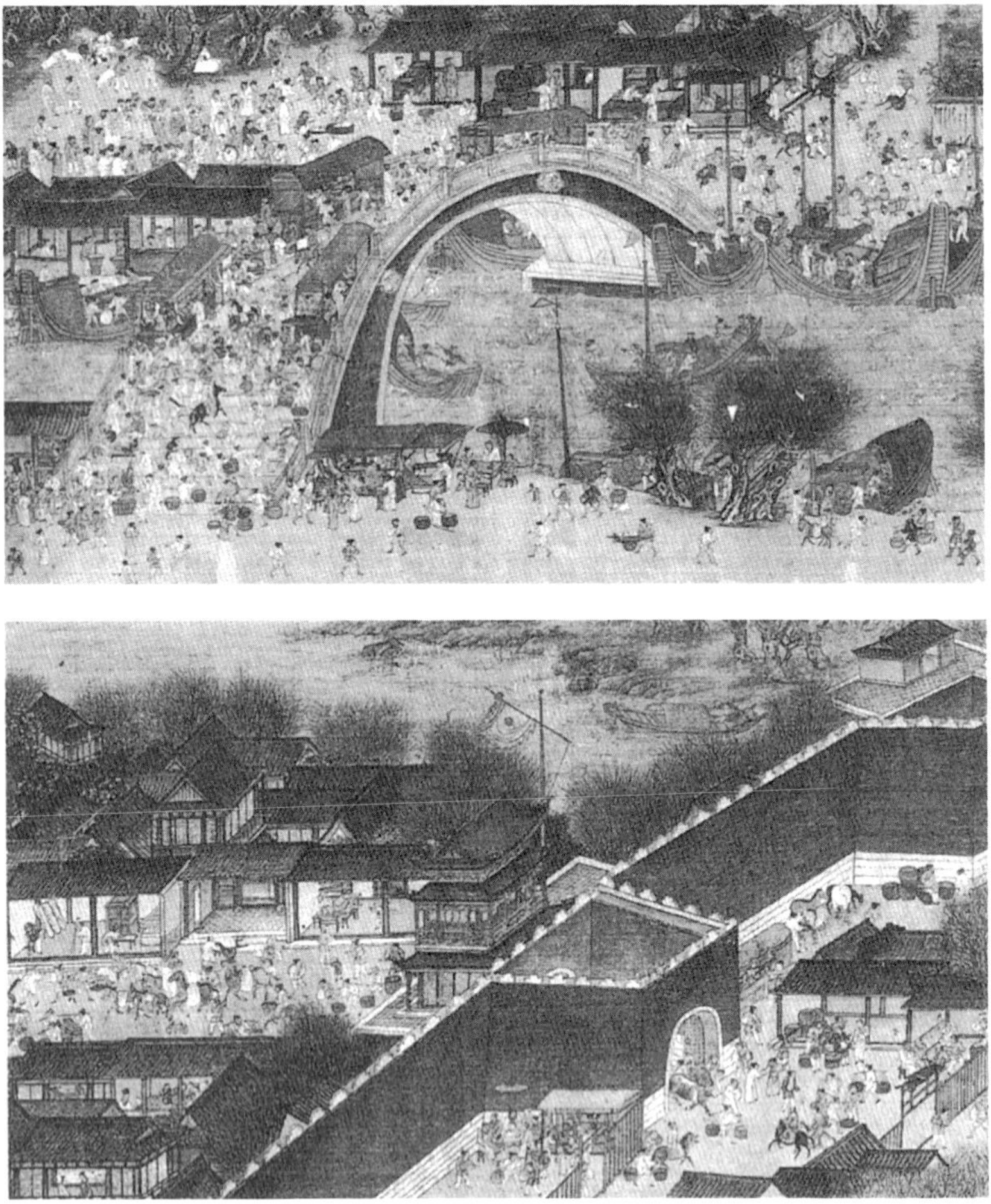

趙浙筆「晴明上河図」（林原美術館蔵）

こうした唐絵山水画、つまり中国山水画の影響を受けた日本の絵師たちは、やまと絵の成立にともなって山水表現が変化し、やがて日本の山水の真景図を創案していくこととなった。

唐絵の「山水図」については、古く八世紀中葉の『東大寺献物帳』や「延暦六年（七八七）六月廿六日曝涼使解」（正倉院蔵）に、「山水画」「古様山水画」「山水纈纈《きょうけち》」などの屏風名が見える。

さて、日本の山水画のなかで、とくに「山水《せんずい》屏風」と呼称される作品がある。これは、「山水図」の画題の屏風を、真言宗の寺院における灌頂《かんじょう》式で大阿闍梨《あじゃり》の席に設《しつら》えるために用いた屏風のことである。本来は唐絵の山水図であったはずであるが、のちのやまと絵の流行により、やまと絵の山水図屏風が用いられるようになったと考えられる。真言法会に列席した貴族たちが、所有する山水屏風を提供して、山岳密教の背景を山水画でイメージした舞台装置として用いたことに始まるものと思われる。山水屏風の大阿闍梨席に用いた史料の初見は、寿永元年（一一八二）十二月十五日の仁和寺観音院における恒例の結縁灌《けちえんかん》頂《じょう》の時という。

現存する山水屏風のなかでは、旧東寺（教王護国寺）伝来の「山水屏風」絹本著色《けんぽんちゃくしょく》六曲一隻（京都国立博物館蔵）が、十一世紀後半ころの唐絵の作として知られ、また神護寺蔵の「山水屏風」絹本著色六曲一隻は、やまと絵の十二世紀末から十三世紀初頭ころの作として、それぞれ現存最古の作品である。

東寺旧蔵の「山水屏風」は、草庵の中に白楽天のような唐詩人が詩作推敲《すいこう》をする姿を中央部に大きく描き、戸外に彼を訪ねる一行や、林間散策の貴人を周辺に配置する。人物描写は唐様《からよう》であるが、背後に描かれる山水は日本の自然景観であり、波や土坡《どは》の描法は唐様であるが、部分的にはやまと絵風な表現となっている。これは、本来は唐絵の主題が、一部のモティーフや画法がやまと絵的なものに移行したため、唐様・和様の混在の画面となったものと思われる。

一方、鎌倉期の作である神護寺蔵の「山水屏風」は、中央部に広遠な海を描き、その左右に山景を配し、手前には広大な田野を描き、和様の山水画となっている。また寝殿造の貴族の邸宅や山荘とおぼしき建物も描かれている。登場人物は日本の貴族であり、また鷹狩や旅人・網代《あじろ》などのモティーフは、やまと絵の中心画題である「四季絵」や「名所絵」の構成要素である。

旧東寺本「山水屏風」（京都国立博物館蔵）

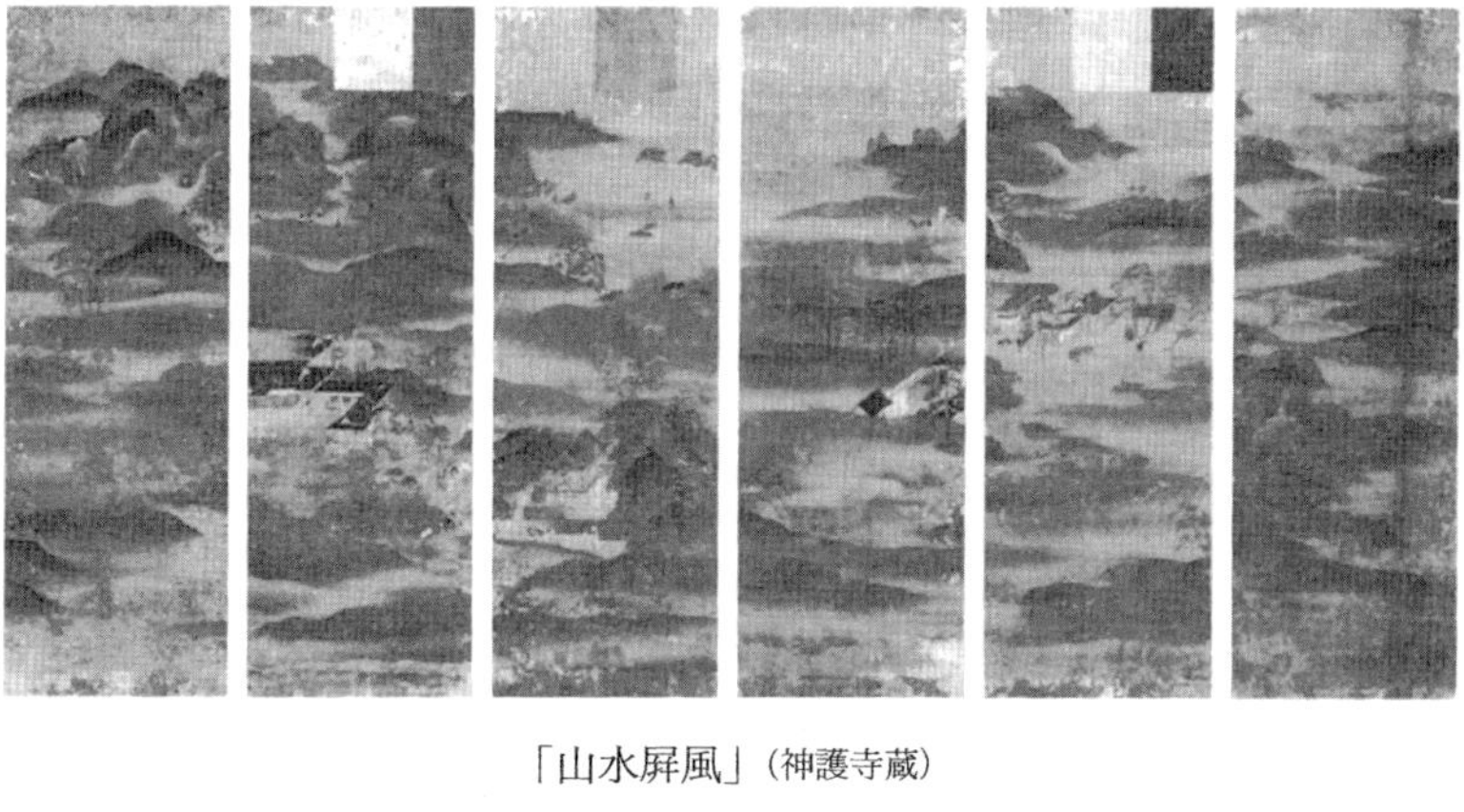

「山水屏風」（神護寺蔵）

社寺境内図と参詣曼茶羅

さて、寺社の境内図や、堂塔伽藍や社祠を宗教的な理念で示した社寺曼《まん》茶羅《だら》、参詣曼茶羅のような宗教絵画が古くから作られた。たとえば、「山崎架橋図」（久保惣美術館蔵）のような作品では、大山崎八幡宮と淀川、そして両岸の辺りの景観を構図とする。そこには、さまざまな生業を描き、門前町としての地域を表現しており、このような作品が都市図形成への一段階に位置するものと考える。

また、「那智参詣曼茶羅《なちさんけいまんだら》」などに代表される数多くの社寺参詣曼茶羅も、都市図の構図や人物の部分図などの源泉として重要な作品である。

たとえば「那智参詣曼茶羅」では、滝自体をご神体として象徴化した那智の滝、熊野三社などの社殿をはじめとした境内《けいだい》の建造物、それらの宗教施設を巡る老若男女の参詣人たち、そして補陀落渡海《ふだらくとかい》の船なども象徴的に描かれる。こうした名所地や参詣地、つまり信仰の対象となる地域や建造物などを俯瞰的に描きながら、そこに物語性を持たせた社寺参詣曼茶羅が作られた。

同様に、京の名所の清水寺の境内を描いた「清水寺参詣曼茶羅」は、観音信仰で知られた清水寺本堂・礼堂の舞台造、あるいは三筋の音羽《おとわ》の滝、滝宮など、一つ一つが清水寺の

17　都市図成立の源泉

「那智参詣曼荼羅」(熊野那智大社蔵)

寺観を表現する重要なモティーフとして描かれ、そこに参詣人や巡礼たちが坂を登り、境内を巡拝していくという構成をとっている。

中世から近世期にかけて、熊野比丘尼《くまのびくに》が絵解《えと》きによる布教のため、この「那智参詣曼荼羅」や「観心十界図」を折り畳んで箱に入れ、全国津々浦々《つつうらうら》へ携行し絵解きを行った。

社寺参詣曼荼羅は、絵解きに用いられただけでなく、多くの階層の人々に見られる対象となった宗教絵画であった。そして、図中に描かれた人々の姿に、絵解き比丘尼や絵解き僧の語る文芸と関連して、見る人の感情移入により劇中人物になりうる一時《ひととき》を持たせることともなったのである。ちょうど絵巻を繰り広げて、見入る貴族の子女の心情のように。

一方で、「園城寺境内図《おんじょうじけいだいず》」や伝雪舟筆の「東福寺伽藍図」、あるいは「春日宮曼荼羅」や「山王宮曼荼羅」のように、寺院の伽藍図や神社の境内図というものが古くから制作された。「園城寺境内図」五幅では、三幅は園城寺の伽藍配置の図が、二幅は山の景観を示し社寺参詣曼荼羅の形式で描かれている。これらの宗教絵画というものが、古代・中世にわたって数多く描かれた。

絵　巻

やがて、平安中期に成立する絵巻（絵巻物）に、さまざまな人々の表現がたくさん登場するようになる。たとえば法眼円伊《ほうげんえんい》の筆になる「一遍聖絵《いっぺんひじりえ》

（一遍上人伝絵巻）」のような作品には、市や道場に人々が群集する場面に、また行脚《あんぎゃ》をする聖たちの場面に、都市の状況を提示するモティーフが描かれてきた。「一遍聖絵」第七の「京極四条釈迦堂図」（東京国立博物館蔵）には、「貴賤上下群をなして、人は返り見る事能《あた》はず。車は巡らす事を得ざりき」という群集のあまりの多さに、念仏賦算《ふさん》の札を配るため一遍が弟子に肩車をされている光景が描かれる。この四条橋と河原の景には、「すやり霞《がすみ》」の技法が用いられている。この「すやり霞」によって、時の推移や場所の移動を、右から左へと、あるいは場面転換の変化を図ったのである。

これにつづく「空也上人遺跡市《いち》屋《や》道場図」の場面では、京の七条の道場での踊り念仏に馬や牛車《ぎつしや》を寄せた貴族をはじめ、桟敷を設《しつら》え見物をする人々の姿、それに東市の近く堀川の辺には乞食の階層にいたる人々まで登場する。こうした絵巻に克明に描かれた老若貴賤男女のモティーフが、都市図のパーツとして一つ一つが重要な要素となった。

「信貴山縁起絵巻《しぎさんえんぎえまき》」や「伴大納言絵詞《ばんだいなごんえことば》」などを例に出すまでもなく、絵巻における人物描写や小グループの小さな物語の組み込まれた絵巻の展開は、それを鑑賞する人々にドラマチックな感情移入を起こさせたのである。そして都市図にも、こうした人々のドラマ性をもった情景を覗き込む視座が用意されたのである。

京極四条釈迦堂図　法眼円伊筆「一遍聖絵」(東京国立博物館蔵)

雪舟筆「天橋立図」（京都国立博物館蔵）

雪舟の「天橋立図」

日本水墨画の祖雪舟《せっしゅう》等楊《とうよう》は、「天橋立図《あまのはしだてず》」（京都国立博物館蔵）という日本の著名な名所を画題とした山水画を残している。この図では、天橋立を中心に据えながら、実際の景観をねじ曲げたような空間構成で描かれている。つまり絵師は、見たままのランドスケープ（景観）を描いたわけではなく、一つの宗教的ゾーンを概念として構図化した作品であると中島純司はいう（「真景の事実―雪舟筆「天橋立図」の成立について―」『MUSEUM』四七二）。

ここで雪舟の描いた山水風景は、あくまでも日本のやわらかな、四季感あふれる情景となっている。つまり、中国水墨画のそれとは違って、日本的なものへと置き換わっているのである。

そうした近世後期の作例として、長谷川雪旦《せったん》筆の

「鎌倉江の島図屛風」紙本墨画淡彩六曲一双（江戸東京博物館蔵）があり、この図も方位性をわざと無視して描かれており、むしろ鶴ヶ岡八幡宮や江ノ島弁天そのものの宗教ゾーンを構図の中心に据えたものといえる。

このように絵師の主観性による、テーマの表出の仕方によって、意図的に作りあげた空間構成をしていったのであり、こういった考え方や構図構成によって日本の都市図も形成されたのである。

都市図成立の絵画技法

画技と画工の伝来

絵画というものは、もともと王や神仏のための、その身を明らかにするための表象物として、またその荘厳《しょうごん》のためのものとして、世の中に用いられてきた。古く中国や、とくに朝鮮半島からの技術者たちが多く日本へ移住して来た時代、たとえば『日本書紀』の雄略紀によれば、五世紀後半に百済《くだら》から渡来した五種の技能者のなかに「画部《えかきべ》」、すなわち絵師が入っていることが認められる。

この後、こうした渡来絵師たちの後裔《こうえい》や、彼らから絵画技術の習得をした絵師たちが、天皇家や朝廷の要用を務める職能者として律令官制の中へ組み込まれた。中務省《なかつかさしょう》という天皇に直結した重要な役所の下に画工司《えだくみのつかさ》という機関が設けられた。『養老令』職員《しきいん》によれば、正《かみ》・佑《すけ》・令史《さかん》の三等官の事務官僚の下に、四人の画師、六〇人の画部《えし》、そして一六人の使部と一人の直丁の定員がいた。そして、この画工たちによって宮廷の建造物や付帯物、儀式などのさまざまな図案や色彩などが調整されたのである。

こうした官の画工房は、平安期に入った大同三年（八〇八）に、内匠寮《たくみりょう》に併合され、御所の屏風や障子《しょうじ》などの絵を描き、調度品の装飾意匠を担当するための画所《えどころ》（絵所）として存続した。のち別当の下に、預《あずかり》・墨画《すみがき》・内豎《ないじゅ》が置かれた。室町期になると、やまと絵の伝統を継いだ土佐家が、この画所預職《しき》となった。

また六世紀には、大陸からの仏教導入にともなって、極彩色の仏画が、金色の仏像とともに舶載され、しばらくして仏師や絵仏師という技術者が渡来し、華やかな仏教美術の世界を開くことになった。

やまと絵と絵巻

仏教絵画というものは、基本的には儀式を飾るための画、あるいは仏教のシンボリスティックな表象をする画としてあった。それに対して、十世紀ころに「やまと絵」が成立し、「世俗画」という絵画ジャンルが成立した。そこには積極的に、日本の風景、日本の四季、日本の物語、日本の風俗というものをテーマとした作品が描かれた。これらの絵画は時代の要求によって成立したのである。

日本の名所をテーマとし、小色紙に書かれた和歌と描かれた画とが、貼《は》り交《ま》ぜ形式に屏風として仕立てられたものもある。古い作品は現存しないが、文献や画中画から類推される。また、屏風歌といって、屏風に描かれた四季の風物や山水などを詠んだ和歌が作られたのも、このころである。

この「やまと絵」の発展のなかで、絵巻という形式の絵画が作られるようになる。絵巻、あるいは図巻は、都市図の成立を考えていくうえで、構図や技法に関して重要な意味をもっている。

やまと絵の属性——四季と名所と物語

まず、絵巻というものは、作品のストーリーを右から左へと眺めていく作品である。日本の絵画は、基本的に右から左、大きな画面の場合は右上から左下へ、ストーリーや画面構成が流れていくことを特徴とするものである。

現代の教育では、美術などは西洋画やその技法が中心となっている。また書物も横書きのものが、たいへん多い。その結果、左から右へ文字を書いたり、また物を見たりする習慣が身についてしまう傾向が強くなっている。

しかし、かつての日本では、文字は縦書きが主流で、横書きの場合も右から左へ書いていくというものであった。これは絵画のうえでも同じで、特殊な例を除くと、基本的には右から左へ、または右上から左下へ流れていくという時間系列を構成していた。これが、やまと絵の属性の一つである。

こうした絵画における時の推移の特徴と、日本の古代都市設計における中国からの四神《しじん》相応思想の影響は、日本の都市図の表現において重要な意味をもっていた。それは、中国の陰陽五行説に則《のっと》った方位感、春夏秋冬という季節性を東南西北という方位性に当てはめた都市設計が、平安京造都ではとくに意識して行われたからである。その結果、方位性をもった土地や建物というものが詩に詠《うた》われる場合、その四季性が詠《よ》み込まれ、そしてそれが名所《などころ》としての属性ということになった。やがて、そうした方位性や四季性、文芸性という複数の属性をもった名所が、最終的に絵画の画題となっていったのである。

これが、やまと絵の属性であり、時と場と文芸、すなわち「四季」と「名所」と「物語」という属性を伴うのである。

俯瞰図法と吹抜屋台

さて、絵巻というものは、上から一人ないし数人がのぞき込むという視野の特性をもっている。これが、いわゆる俯瞰《ふかん》図法、あるいは鳥瞰《ちょうかん》図法で、斜め上から眺め込む視角の構図をとる。したがって建物や地形という対象物が、比較的近景の位置として構成される場合、斜め上からの描写という特色をもつ。一方、人物は水平面から見ていく視点で描かれる。

つまり水平面からの視点と、斜め上からの視点、この二つの視点を重ねると、いわゆる「吹抜屋台《ふきぬきやたい》」という描写技法ができあがる。たとえば「源氏物語絵巻」に見られる、屋根を取っ払ったように描かれる「吹抜屋台」とは、基本的に何を表現しているかというと、家の内における人物のシチュエーション、物語の展開のためにある建物と人物との相対的位置関係の方に主体があるので、屋根の描写は、この際どうでもいいということなのである。

その結果、人物は横の角度（水平の視座）、位置関係は斜め上の角度（俯瞰の視座）という、二つの角度（視座）による合成された画ができあがったわけである。こうした俯瞰図法を合成した絵画の存在は、都市図の全景描写のうえでたくさんの人物描写の組み込みをしていく場合、技法上重要なことであった。

逆遠近法

もう一つ、技法的に注意しておかなければならないのは、日本の古い荘園絵図や、地図的な絵図などでは、真ん中にいる自分（本人は描かれないが、視点として）を中心に東西南北に、周辺の風景や建物などを倒したように描くということ

吹抜屋台「源氏物語絵巻」宿木第１段（徳川美術館蔵）

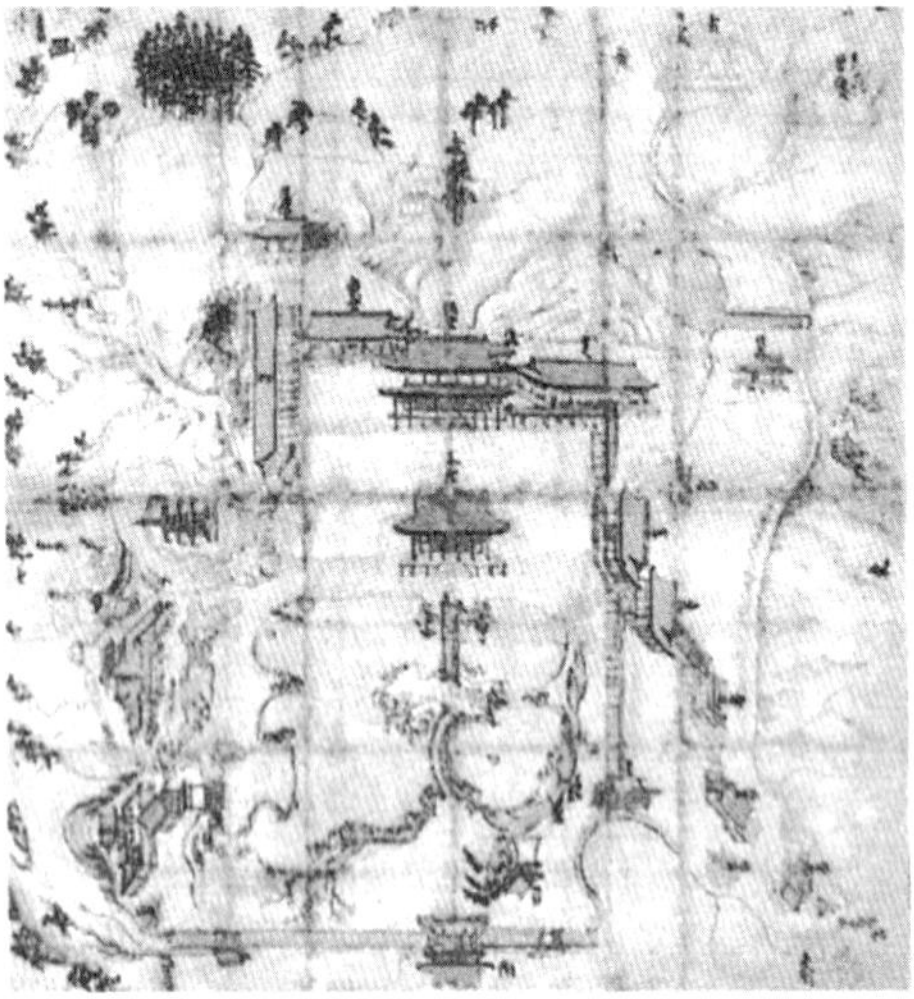

「称名寺絵図」（称名寺蔵）

である。これは日本だけのことではないが、かなり多くの作品に見られる現象である。たとえば「称名寺絵図」（元亨三年、称名寺蔵）のように東の方の建物は右手に倒す、北の方の山は向こう側へ倒す、西の方の山は左手に倒すというように、自分を中心に見えるものを中心から放射状に向こうへ倒して描くということである。

こうした考え方、こうした視座からできてきた描法の一つに「逆遠近法」がある。つまり、奥へ行くほど物が広がっていくという描写法である。これも初期の都市図を形成するときに用いられた技法の一つである。

一点透視図法の導入

十八世紀には、西洋から一点透視図法をはじめ、色彩遠近法、明暗法など、さまざまな遠近図法が入ってきた。日本では中国より少し時期が遅れて、江戸時代中期ごろに摂取された。新しいものに敏感で、それを積極的に流《は》行《や》らせた浮世絵師たちは、すぐさまこの新しい一点透視図法（焦点図法）に飛びついた。奥山政信・西村重長・歌川豊春・北尾政美《まさよし》（鍬形蕙斎紹真《くわがたけいさいつぐざね》）・葛飾北斎をはじめとする浮世絵師たちは、「浮絵」と称する一点透視図法を導入した画を描いた。また京の円山応挙《まるやまおうきょ》や横山華山、そして江戸の司馬江漢《しばこうかん》なども、「眼鏡絵《めがねえ》」と称して透視図法の風景画を描き、覗きからくりによって人々に広めた。この西洋遠近法が、今日の日本で一般的に用いられているところの遠近法であり、それ以前は先述した逆遠近法が中心であった。

ここで注意しておかねばならない遠近法に、等角平行図法がある。建築図面を起こしたように、角度を一定にして街並みや建物を描く図法で、すべて平行した角度をもって描かれるのである。「洛中洛外図《らくちゅうらくがいず》」などが、一見こうした等角平行図法による作品と錯覚されるが、よく見るとゆるやかな逆遠近法で描かれているのである。つまり、奥へ行くに従って、わずかながら角度が開いているのである。

したがって、「描かれた日本の都市図」という絵画が成立する段階では、伝統的な逆遠近法によって描かれ、しかもストーリーや視点が右上から左下へと流れるという画面構成であった。しかし、こうした画面構成の特性に対し、王城都市・京というものを画題とした場合、平安京の地理的・四季的特性が構成上の大きな重心をもつにいたるのである。その結果、一双の屛風の上で、左から右回りに名所や四季が循環する系列の絵画が形成されることになる。このことは、絵巻のような右から左へという時間系列の描法とは矛盾をきたすのである。

禅刹の室中襖絵—四季性と方位性

ところが、この矛盾に対応するかのごとき作品が存在する。禅宗寺院の方丈の室中《しっちゅう》襖絵《ふすまえ》における四季山水図の展開がその例である。たとえば大徳寺の塔頭《たっちゅう》の一つ聚光院《じゅこういん》は、下剋上《げこくじょう》で知られた戦国武将の三好長慶《みよしながよし》の菩提《ぼだい》を弔《とむら》うため永禄九年（一五六六）に建てられた寺院であるが、その方丈の襖絵を狩野《かのう》松栄《しょうえい》直信《なおのぶ》・永徳《えいとく》州信《くにのぶ》父子が描いた。その室中、すなわち真ん中にある儀式をする部屋、その周囲を取り囲む襖（南面は出入り口に当たり、画はない）に、永徳が水墨画で「四季花鳥図」を手がけた。この「四季花鳥図」は、東側の襖に春の画題「梅花鳥禽図」を描き、そこを起点として仏間に向かって右側から時計回りに四季が巡るという画題構成をなしている。

これと同じ発想の時計回りの四季循環の法則によって、平安京という都市の景観を俯瞰する図が描かれた。それは室町後期の、応仁の乱後の新しい京を描くため、六曲一双の本《ほん》*間《けん》屏風《びょうぶ》の大画面を使い、左右の隻をそれぞれ対峙する側から俯瞰という構図と構成をもって作られたのである。

このことにより、京都の景観を眺めやる感覚の、平安京をちょうど東西に二つに割ったような京都の都市景観図一双が新出した。これが、「洛中洛外図屏風」の当初の典型である。屏風の構成上、右隻は東山の名所を中心に春から夏にかけての季節が左から右へ展開し、左隻は西山を中心に秋から冬にかけての季節が同様に展開する。

＊本間屏風とは、高さが五尺ないし六尺（約一五〇～一八〇センチ）、一扇の幅が二尺（約六〇センチ）のことをいう。

都市図の成立

日本の都市図の成立は、歴史的にどのくらい古く遡れるのであろうか。文献上は十五世紀後半の公家の日記などに、「洛中図」や「京中図」などの言葉が出現するので、まずはこのころであろうと考える。

文献での初出

たとえば『実隆公記《さねたかこうき》』の永正三年（一五〇六）十二月二十二日の条には、朝倉貞景の発注によって新調された「京中を画く」屛風一双のことが見え、この屛風絵は「新図」であり、宮廷絵所 預《あずかり》の土佐刑部大輔（光信）が手がけたものという。土佐光信は、やまと絵の伝統を継承する画系のリーダーで、文亀三年（一五〇三）に絵師として異例な従四位下に任じられ、栄華を極めた。

また、これより二〇年ほど前の『晴富宿禰記《はれとみすくねき》』の文明十一年（一四七九）七月三日の裏文書に、「洛中図」という言葉が見える。

これらの新しい都市図を創造した絵師は、宮廷絵所の絵師土佐家であった。その土佐家につづき、室町幕府足利将軍家の御用絵師として登用された狩野家も、京の名所図や洛中洛外図を手がけるようになった。桃山期に入り、絵屋に代表される町絵師たちの工房でもこうした作品が作られ、とくに仕込み絵*的な作品が江戸期に入ると多く作られた。

さて、最初に「京中図」などを制作した土佐家の工房は、いわばやまと絵という伝統絵画様式を継ぐ絵師集団であった。おそらく室町期に祇園祭が新興町衆《まちしゅう》のエネルギーによって再生された祭礼の様子を描いた画や、あるいは古代・中世的な名所を敷衍《ふえん》して、儀式や年中行事が行われたときの風景を描いた画を、メモリアルな視覚媒体として作ったものがはじめであろう。

＊仕込み絵とは、レディ・メイドつまり既製品のことで、絵扇《えおうぎ》や画帖《がちょう》などをはじめ、屏風絵や掛幅絵などとさまざまな形態のものが作られた。パターン・メイドのように、同一あるいは類似した構図や、一部を組み替えた作品が多い。

月次祭礼図・月次風俗図

この初発的な都市の祭礼風景を描いた作品は、残念ながら現存するものが少ない。たとえば伝土佐光信筆「月次祭礼図《つきなみさいれいず》模本《もほん》」六幅（東京国立博物館蔵）や「月次風俗図屏風」八曲一隻（東京国立博物館蔵）などが相当し、平安京の景観のある地域を描写したもので、都市図の成立過程を物語る作品といえる。

余談ながら、博物館・美術館では、模本の作品を以前は積極的に展示してこなかった。しかし、模本や写本というものの存在をはじめ、江戸時代のたくさんの模写本作成の事実、そして近年の写本や模本を使った研究の成果などから、最近は模本や写本、粉本《ふんぽん》が参考作品として積極的に展示されるようになってきた。これらの模本や写本、縮図などの絵画資料は、とくに原本が失われてしまった場合、それ自体が貴重な資料となるのである。

伝土佐光信筆「月次祭礼図」

元はめくり六枚であった伝土佐光信筆「月次祭礼図模本」六幅は、模本のため淡彩色や墨書きの輪郭線の状態である。しかし、おそらく原本は極彩色《ごくさいしき》であったと思われる。ここには、祇園祭の山や鉾《ほこ》が描かれており、祭礼の様子が手に取るように表されている。

画は、比較的中景で、人物の表現は細画《さいが》ではなく、やや大きめの人物群として描かれていることに特徴がある。これも後の「洛中洛外図」の京の年中行事を表す主要なモティー

伝土佐光信筆「月次祭礼図模本」(東京国立博物館蔵)

フとなるのである。

扇面画・色紙画の京名所図

一方で、扇面画や色紙形画という小画面形態の「京名所図」が、室町後期に土佐派や狩野派の工房で大量に制作された。狩野元信や松栄直信、永徳州信などの工房で作られたものとしては、たとえば元信印のある「月次《つきなみ》風俗《ふうぞく》図《ず》扇《おうぎ》流《ながし》屏風《びょうぶ》」（京都・光円寺蔵）や、直信印の「扇面貼交《はりまぜ》屏風」（出光美術館所蔵）などの扇面画や、「洛中洛外図帖」（奈良県立美術館蔵）や元秀印のある「洛中洛外図扇面」などがある。

「月次風俗図扇流屏風」は、使用した扇面図を屏風に貼り交ぜ仕立てにした作品であるが、その中で正月を表すのに羽子板を突く子たちや、振振打毬《ぶりぶりぎっちょう》をやる男児たちというように、主題が季節によって一つのモティーフができあがる。そのなかの元秀印「金閣寺図扇面」（東京芸術大学蔵）を例に挙げると、画には三層屋根の堂があって、その頂に鳳凰《ほうおう》が乗り、最上層が金で描かれ、そして大きな泉池をもって描かれるということにより北山山荘つまり「金閣寺」を示しているのである。

これらの小画面「京名所図」が、いわゆる「洛中洛外図」のモティーフ、つまり元となる部分図である。この京名所や京風俗の画題は、「鞍馬寺」「因幡堂」「嵯峨釈迦堂」「東

「羽根突・振振毬杖・松囃子図」と「花見図」
「月次風俗図屏風」(東京国立博物館蔵)

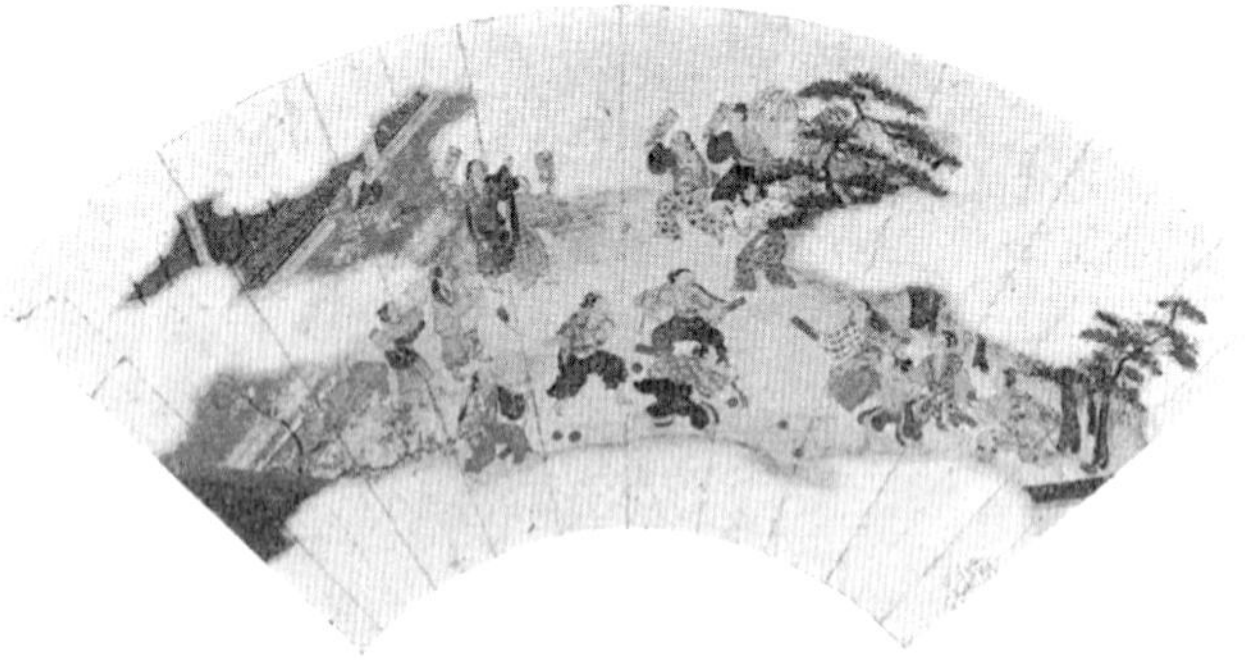

「振振毬杖・羽根突図扇面」
「月次風俗図扇流屛風」(京都・光円寺蔵)

寺」「祇園社」「北野社」のような寺社の境内、「振振毬杖・羽根突」「賀茂競馬《くらべうま》」「一条御《ご》霊会《りょうえ》」のような年中行事的なものや祭礼の風俗、「公方邸」「内裏」などの権力の主体や権門世家《けんもんせいか》など邸宅、そして「二階屋の京の町並」「米屋」などの諸職や新しい二階建ての町家の街並み、こうした新しい都市をシンボル化した画、そして「南蛮寺《なんばんじ》」のように新しいトピックなものであった。

「高雄観楓図」

それから「高雄観楓図扇面《たかおかんぷうず》」であるが、紅葉で秋の季節を表し、橋の上に武家がいて謡曲を謡いながら能の仕舞いをしている場面が描かれている。この扇面画が、狩野秀頼の筆になる「観楓図屏風」六曲一隻となると、高雄（神護寺）の清滝川にかかる太鼓橋を中心にした大画面の左右に武家の女性と男性たちのグループが賑わう、紅葉狩りのピクニックを楽しむ情景にアレンジされる。扇面画にあった能の舞の男性は、左手に移動し、橋には僧侶たちのグループが追加されて描き込まれている。季節は紅葉で秋、高雄の山の雪景で冬と、秋冬の四季性と西山の方位を示している。

今のところ「観楓図屏風」と対《つい》となるべき、春と夏の景の一隻が見つかっていないが、もしあるとすれば京の季節と方位から推定して、おそらく東山《ひがしやま》の桜花《おうか》と鴨川の水景、すなわち「東山観桜図」のような画題の作品であったと考えられる。

「高雄観楓図扇面」(出光美術館蔵)

狩野秀頼筆「観楓図屏風」(東京国立博物館蔵)

これらの作品が、平安京の「場」と「時」の二つの事象を中心としている。換言すると、名所という「場」と、四季あるいは月次《つきなみ》の年中行事としての「時」である。その場合に、その時にとりわけ特色のあるものとして認知された、小さな物語や和歌などの文芸的ドラマ性が、その「場」と「時」との関係をもって構図化された。

「時」と「場」と「ドラマ」性

たとえば京名所の扇面図によって「時」と「場」と「ドラマ」性（ここでは、年中行事であるが）の相互関連の図を示すと、春の花見は「千本閻魔堂図《えんまどう》」、夏の祭礼は「四条橋祇園祭御輿渡御図《みこしとぎょ》」、秋の紅葉は「高雄観楓図」、冬の雪景は「金閣寺図」というように。

「千本閻魔堂図扇面」（東京芸術大学蔵）の場合、石塔と桜花と念仏狂言という三つの要素が、千本閻魔堂を表すキイ・ピクチャー、つまり仕掛けとなっている。「東寺図扇面」では、伽藍《がらん》の多くの堂宇と五重塔という要素で、東寺を表現している。塔は四重にしか見えないが、これで五重塔をイメージするのである。これで、かならずしも現実の姿を忠実に描いているというものではなく、あくまでも多層の塔という意識が五重塔を暗示するのを指摘できよう。

「京の町並図扇面」は、中二階屋が増えてきた応仁の乱の後の復興京の町屋の景観を示

元秀印「千本閻魔堂図扇面」（東京芸術大学蔵）

元秀印「南蛮寺図扇面」（神戸市立博物館蔵）

していることに特徴がある。また「南蛮寺図扇面」（神戸市立博物館蔵）は、禅宗の寺院をパードレたちと切支丹教会として京中での布教を許した禅宗様の建物の画でイメージする。これは、南蛮寺の絵画資料としてもたいへん貴重な作品であるが、ここの周辺の町屋はまだ二階建ての建物となってはいない。

こうした特徴をもった作品が、室町後期に成立し、「洛中洛外図」や「京名所図」という画題で、間仕切り具の屏風という大画面形式として世に迎えられた。これは、新しい権力の舞台装置のひとつとして効用したのである。

一方で、こうした扇面画に「元秀」鼎印《かなえいん》（壺形印）などの絵師名の朱印が押されているということは、狩野元秀作を示しながら、実は足利将軍家御用絵師・狩野家の工房作という、ブランド作品であることを標榜しているのである。つまり、ここに室町期の贈答文化の一端を垣間見るのである。

最初の都市図――「洛中洛外図」

「洛中洛外図」

日本の都市図としてはじめて完成を見た「洛中洛外図屏風《らくちゅうらくがいずびょうぶ》」（いわゆる「京名所図」の一群）は、やまと絵の二大テーマである「名所絵」と「四季絵」の系譜を引くものであり、それに歴史事象をのせ、「平安京」という限定した地域を対象とした鳥瞰図法《ちょうかんずほう》による桃山様式の金碧《きんぺき》屏風である。いわば、日本の都市景観図の最初のテーマ地は、室町後期の平安京であった。

「洛中洛外図屏風」についての論考の嚆矢《こうし》は、大正四年（一九一五）の福井利吉郎の『安土桃山時代史論』であった。その後、田中喜作や堀口捨己の建築史的考察がつづき、昭和三十年（一九五七）近藤市太郎の企画による東京国立博物館での「近世初期風俗画」

特別展で美術史のテーマとなった。

「洛中洛外図」を集成し総覧した展示は、昭和四十年（一九六五）秋の武田恒夫による京都国立博物館での「洛中洛外図」の特別展であり、その研究成果は翌年に同編著の『洛中洛外図』（角川書店）としてまとめられた。武田の提唱した「洛中洛外図」の定型分類論は、その後「洛中洛外図」の作品研究の原点となっている。

「洛中洛外図」の鳥瞰図法の視点については、石田尚豊が町田本（国立歴史民俗博物館蔵甲本、略称は歴博甲本）「洛中洛外図屏風」について、相国寺《しょうこくじ》七重塔からの眺望であるとの画期的な説を立てた。『臥雲稿』などを引用しての石田説は、室町後期の楼閣建築の発達とその展望趣味から首肯するところも大きい。しかし、実際に相国寺七重塔から見なくても、土佐家や狩野家の一流絵師は洛中洛外の各モティーフを組み込み、あの大景観図を構成できたと思う。

しかし石田論は、室町後期の高楼・多層建築の傾向と、絵画の鳥瞰図法の構成における視座を、文化史的に捉えたという点が高く評価される。いわば室町後期の人々の視座の一つを、端的に指摘したものといえよう。

「洛中洛外図」の描かれた背景には、応仁の乱（一四六七〜一四七七）によって京の町が大きく炎上・破壊したことがある。その後の復興する京の姿に、「あらまほしき京」のイメージを構成したのが「洛中洛外図」であった。もともと屏風は、風を防ぐ調度であった。この調度としての屏風に、平安京の地を舞台に人々の姿を桃山の金碧の美で仕立てあげたのが「洛中洛外図」である。まさに「面白の花の都や、筆に書くとも及ばじ」（中世歌謡）の都めぐりの屏風絵であり、覗き込んで見る楽しさに興味の尽きないものであった。

これらの「洛中洛外図」に描かれた京の名所や四季の地理的空間や時間推移の処理の特徴は、金箔押し地による源氏雲（やまと絵の手法の一つ）の連続的な区切りによって、画面の構成上一種のファジーな効果を生み出していることにある。この金雲*による画面処理法の大都市景観図の成立が、日本の都市景観図の第一段階であり、また一つのタイプに括られるものである。

つまり「洛中洛外図」と、それにつづく「江戸図」などの近世前期までの金碧屏風絵群が、この第一段階のタイプの都市景観図に相当する。このように応仁の乱後の平安京という都市をテーマに金雲を用いて時空処理をした「洛中洛外図屏風」という絵画が創案されたことにより、日本の都市景観図がまさしくこの時点で成立したのである。

＊金雲とは、金箔押地の雲形による装飾的な区切りのことで、やまと絵のすやり霞《がすみ》の技法をより図

案化したもので、土佐派の考案した技法である。時間や場所の異なった絵を、美的な処理によって表現する技法で、源氏物語絵などの各段を区切るために よく用いられたので、源氏雲ともいう。

歴博甲本「洛中洛外図」

さて、歴博甲本「洛中洛外図屏風」紙本金地著色《しほんきんじちゃくしょく》六曲一双（国立歴史民俗博物館蔵）は、「洛中洛外図」としては現存最古の作品である。かつて三条家、そして町田家へと伝承されたことでも、よく知られる。大永年中（一五二一～二八）の景観描写とされるこの「洛中洛外図」は、応仁の乱後の京の街並みが逆勝手《ぎゃくかって》の構図で描かれている。下京《しもぎょう》を主題とする右隻は、鴨川の流れを左右に展開し、御所、祇園社、清水寺、三十三間堂などの寺社をランドマークに、祇園祭の山鉾巡行や勧進能などの芸能が登場し、春と夏の季節となっている。上京《かみぎょう》を主題とする左隻は、雪の山と紅葉による秋と冬の季節で、桂川、そして足利将軍邸（柳の御所）や北野社、金閣、賀茂社などの寺社が描かれる。また、時や場所の推移に変化をつけるのは、やまと絵伝統のすやり霞の金泥引《きんでいび》きとなっているのが特徴である。

ちなみに左隻・右隻の呼称について述べておきたい。複数の画を並べて置いたときに、古くは画に向かって右側（画から見て左側）を左と称していたが、現代では向かって右側を右という。したがって、「洛中洛外図屏風」の現代における右隻とは、設《しつら》えたときの右

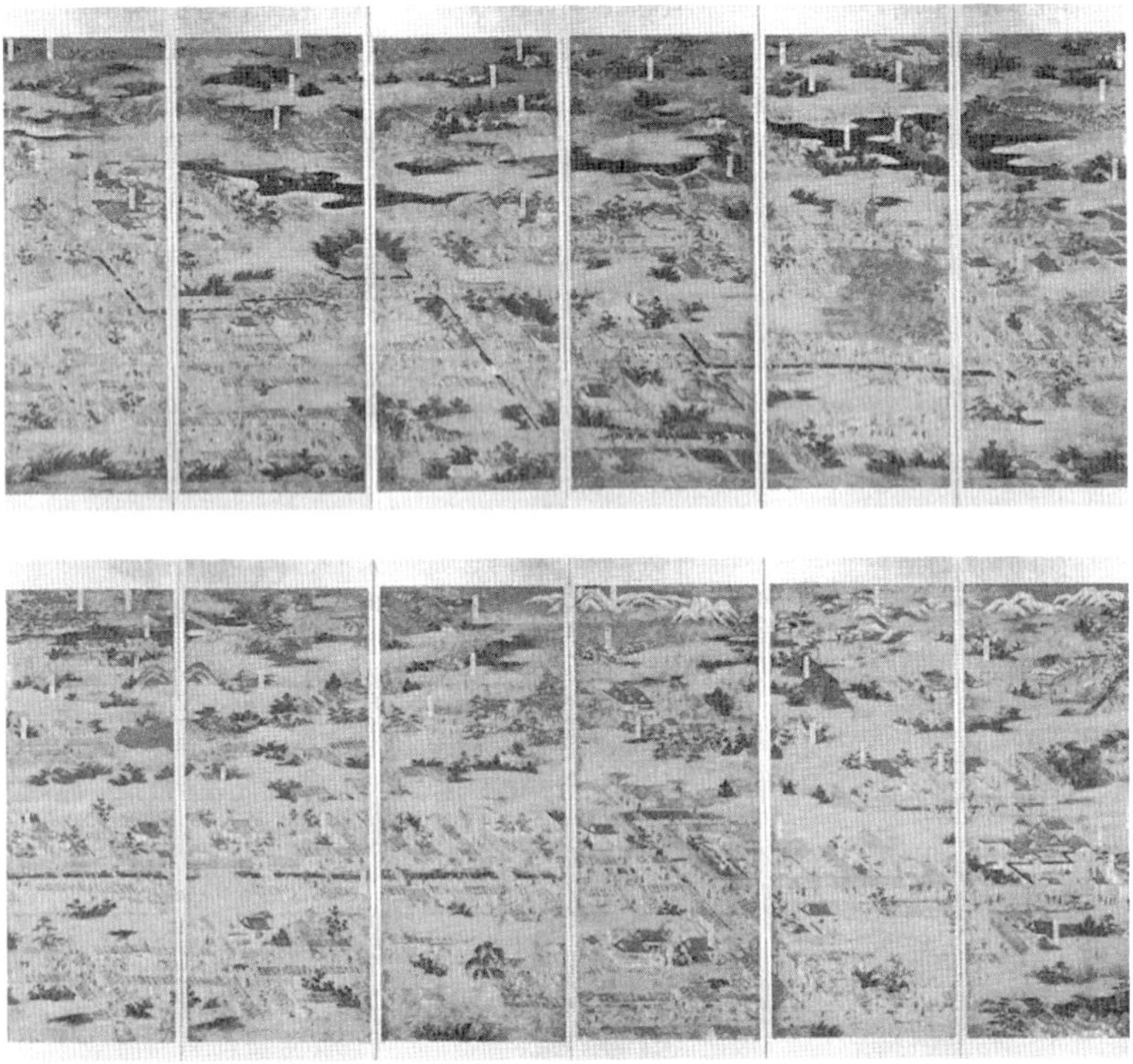

歴博甲本（旧三条家・町田家本）「洛中洛外図屏風」
（国立歴史民俗博物館蔵）

側に位置し、鴨川と東山方面を西側から俯瞰した景観をなす片双を指す。

さて、「洛中洛外図」の俯瞰図法は、一見、等角平行図法に見えるが、実はゆるやかな逆遠近法をもって描かれている。そして、京の東西の通りを本勝手《ほんがって》（順勝手、右上から左下へ斜めに表現）に描く作品群と、逆勝手《ぎゃくがって》（左上から右下へ）に描く作品があるが、左右の隻のもつ景観内容（描写される地理的なゾーン）はほぼ同じである。この本勝手・逆勝手というのは、本来は華道や茶道あるいは床の設え方をいった。そのことに倣《なら》って、本勝手（右勝手、右手を主とし左手を従とする）と、その逆を示す。

上杉本「洛中洛外図」

天正二年（一五七四）に織田信長が上杉謙信に贈ったとされる「洛中洛外図屏風」紙本著色六曲一双（米沢市立上杉博物館蔵）については、その絵師を狩野永徳とすることなどが『上杉家譜』などの古記録に載る。伝来から、通称「上杉本」と称されるこの「洛中洛外図」は、狩野永徳の主宰する工房で制作されたものと考える。その粉本《ふんぽん》となりえたものに、やまと絵の伝統を引き継いできた土佐派の先行作品があり、またモティーフとなりえた永徳の祖父元信や父松栄直信の扇面画など、狩野工房の扇面画や画帖画の作例が数多くある。

上杉本「洛中洛外図」では、右隻は、御所を左端に、東山の名所の数々と祇園祭が主題の一つとなっている。左隻は、西山方面を東方から眺望する構図である。その中心は花の御所（足利公方邸）や足利将軍家の氏寺相国寺（公方邸の東側に位置する）、それに細川邸や松永邸など武家の屋敷や、二条・飛鳥井《あすかい》・近衛《このえ》家などの公家屋敷、それに市中の家並み、嵯峨野《さがの》・高尾・栂尾《とがのお》・北山・鞍馬《くらま》などが描かれている。両隻に、祇園社や清水寺《きよみずでら》、東寺《とうじ》それに北野天満宮や天竜寺などの京の名所である著名な寺社が、あるべき所に描かれているのはもちろんのことである。

歴博甲本に対して、上杉本は街並みが本勝手の方向で描かれている。また、すやり霞の技法ではなく、金雲装飾によって画面を多く覆っている。この金雲は、すやり霞の発展した形式で、実際の雲を表すのではなく、一つ一つのモティーフの美的な区切りである。たとえば祇園や八坂の塔、三十三間堂といった扇面画や画帖画の京名所図からプロットされ、地図的な整合性のうえで集成され、平安京という都市景観を一大パノラマとして形成するように作られたのである。上杉本では足利公方邸や、将軍家氏寺である相国寺はあるが、応仁の乱で焼失した相国寺七重塔は描かれていない。

さて当然のことながら、「洛中洛外図」などの第一段階のタイプの都市景観図に描かれた描写内容は、そのまま歴史のある瞬間を示したものではない。絵画のうえでの約束ごと

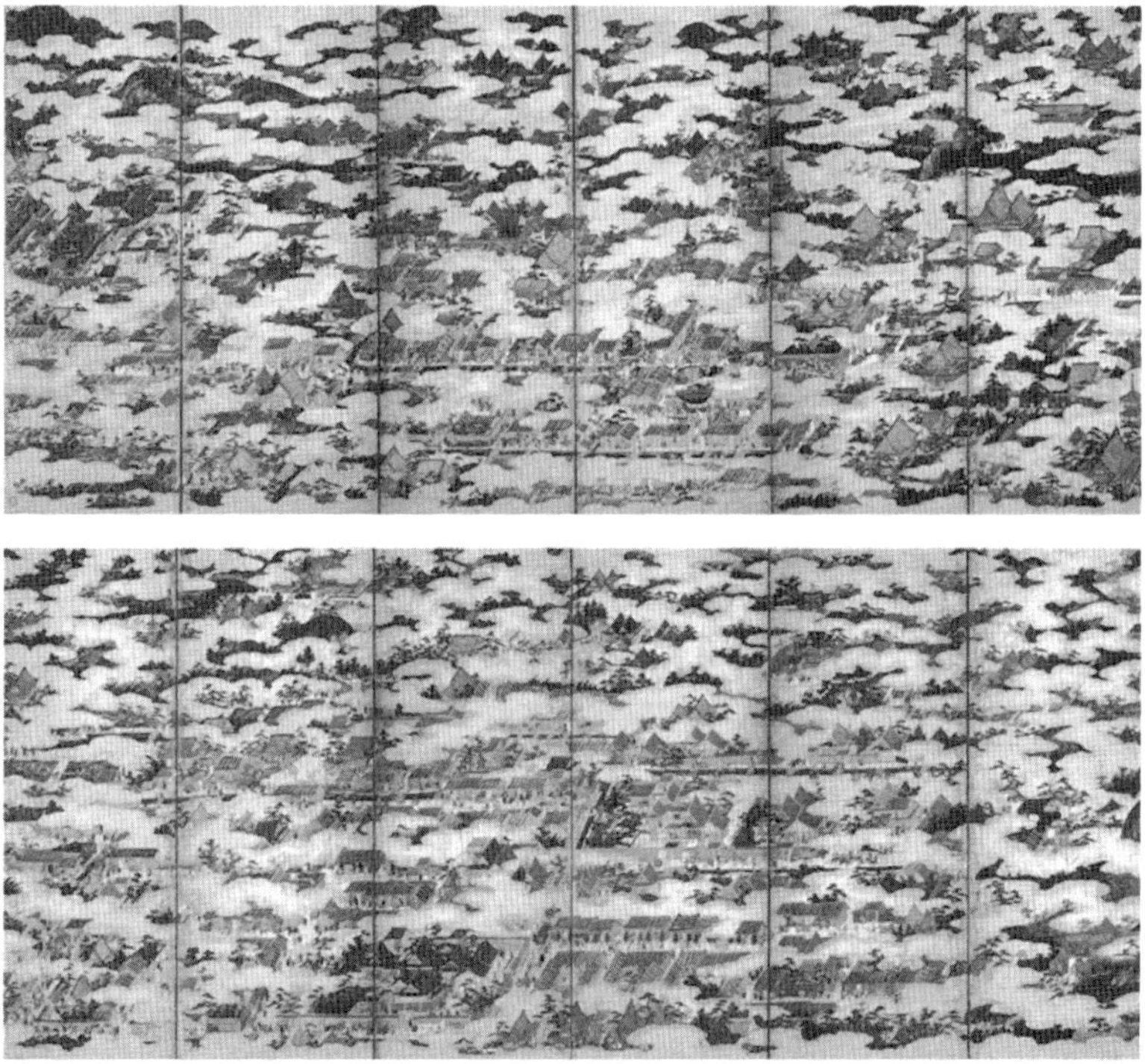

狩野永徳筆「洛中洛外図屏風」(米沢市上杉博物館蔵)

が、そこには生きていることを忘れてはならないのである。粉本による古図の踏襲、各所に組み込まれた人物や建築の表現をはじめ、四季絵や名所絵の系譜を引くという「やまと絵」の特質に制限された内容をもつのである。そして、このような絵画の制約というか、約束のうえに成立した「洛中洛外図」は、都市景観図としては最少のデータが必要条件として絵に表現されているということになる。換言すれば、直接の事件や、建築物の実態などをレポートする性格の絵画ではないのである。したがって、描かれた建物の有無のみで、景観年代を決めてしまうのは早計《そうけい》といえよう。

つまり、制作時点でたとえばその寺院が焼失してなくなっていても、「あらまほしき都市景観」の一つのイメージとして必要とあれば、そこに描き込んだのである。

近世初期風俗画

室町時代後期から近世初頭にかけて、京都の四条や五条の河原では、数多くの小屋掛け興行、つまり仮小屋の見世物《みせもの》や人形浄瑠璃《にんぎょうじょうるり》が、そして歌舞伎《かぶき》が興行をうった。こうした当世風俗というものも都市の賑わいとして、都市を表現するきわめて重要な構図であった。中国・朝鮮そして新たな南蛮交易《なんばんこうえき》によってもたらされた珍獣、虎や孔雀《くじゃく》や山嵐《やまあらし》などの動物が見世物として人の目を惹きつけた。室町期に成立した能・狂言の興行をはじめ、琉球から入ってきた新たな楽器・三味線《しゃみせん》（三線《さんしん》）を加えた囃子方《はやしかた》をバックに、出雲阿国《いずものおくに》が創始したかぶき踊りと茶屋狂言から発した、遊女歌舞伎や野郎《やろう》歌舞伎、そして若衆《わかしゅ》歌舞伎とつづく歌舞伎芝居の興行、それに浄瑠璃語りと人形操《あやつ》りという人形劇の興行が、莚《むしろ》と竹矢来《たけやらい》に囲まれた仮設の小屋と桟敷《さじき》で営まれ、人々を虚構の世界へと導いたのである。射幸心と嬌態を煽《あお》る矢場の女、群れ集う人々の胃袋をあてこんだ飲食物の立ち売りや振り売り、勧進聖や高野聖、熊野比丘尼や巡礼たちの姿が描かれている。静嘉堂文庫美術館蔵や堂本家蔵の「四条河原遊楽図屏風」や、サントリー美術館蔵の「四条河原図巻」などが、その作例として残る。

また、とくに川と、川の両岸、水路というものを通る、いわゆる水運が、現代のように陸路中心の時代から比べると、はるかに中世から近世の分岐点においては重要なことであった。「江戸図屏風」には、たくさんの河川が描かれ、その河岸でたくさんの荷の積み卸《おろ》しをし、荷や人々を運んでいる船を描いているのも、水運都市「江戸」での都市の風景が強調されているのである。

京名所図――北野・祇園図

しかし、江戸期の定型の「洛中洛外図」が成立する前に、京の西北に位置する「北野天満宮」と、東南に位置する「祇園社」という、対峙した二つの荒ぶる神を祀る社を主題とし、一双とした「京名所図屏風」がで

「四条河原遊楽図屏風」(堂本家蔵)

きあがった。いわば、京の町衆《まちしゅう》の信仰的基盤の名所地二つを取り上げたもので、方位的対峙とともに春夏・秋冬という四季的対峙を表現したものといえる。この系列の作品は、江戸では「上野」と「浅草」を画題とした作品へと継承されていったのである。

こうした日本の都市図の成立の構造について、簡単にチャート化してみた（図1）。山水図、名所図、四季絵、社寺参詣図、職人尽図《しょくにんづくしず》などの作品の各部分図を、都市の絵図や地図の情報のうえにのせ、バーチャル化し、そこに時世粧《じせいそう》（今様《いまよう》）の風俗や歴史的な事象を重ねることによって、「洛中洛外図」や「江戸図」といった都市図ができるのだと、私は考えている。

「洛中洛外図」のモティーフ

こうした京の一部の景観を画題とした扇面画が、「洛中洛外図」のモティーフであり、たとえば田園風景が京都の市内にも点在し、とくに西の京には多く見られたが、こうした風景も西の京という地域を示す大きな目印となった。「北野経王堂」の場合、影向《ようごう》の松を描き、その近くに千僧供養《せんぞうくよう》をするための吹き抜けの柱間の堂があると、何本柱があるかではなくて、柱間が吹き抜けになっているということで、北野の経王堂を示しているのである。左手にある鳥居は、北野天満宮の鳥居で、天満宮への入口を暗示する仕掛けとなっている。

「鞍馬寺図」『洛中洛外図帖』(奈良県立美術館蔵)

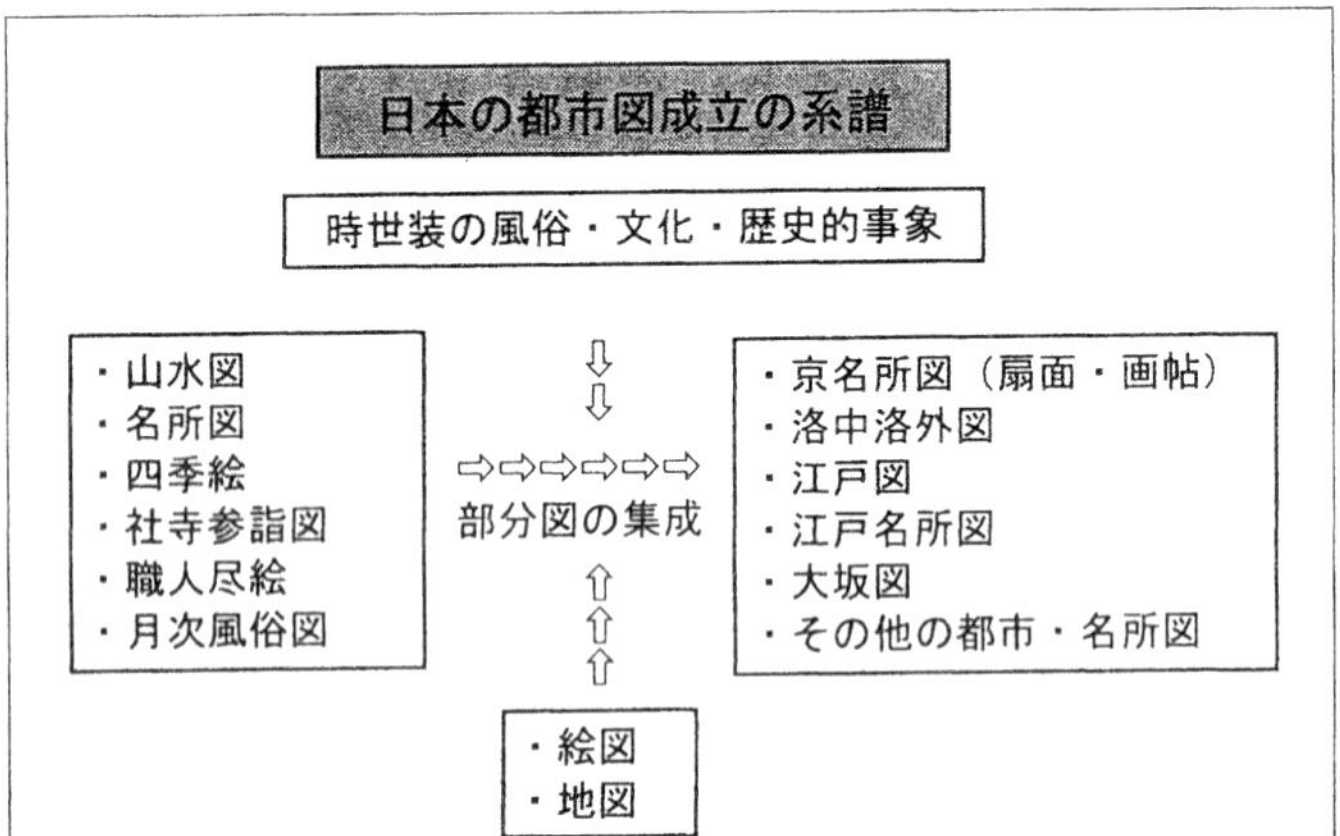

図１　日本の都市図成立の系譜

さて「京名所図色紙」の画帖仕立てのアルバムは、二四図がセットで作られることが多かったようである。注文制作品であり、一方で大変豪華な贈答品であった可能性もある。この『洛中洛外図帖』の中の「鞍馬寺図」（奈良県立美術館蔵）を例に挙げると、桜花の季節で、石段を登っていくと開けたところに鐘楼があり、本堂があるという景観図で、鞍馬寺の花見が画題となった作品である。室町時代後期には、天皇もよく鞍馬へ花見に行ったことが、記録にたくさん載っているが、やがて時代が下り花見の場所が東山の桜の名所である豊国廟《ほうこくびょう》などに移っていくようになると、それに応じて「東山花見図」が作られるようになった。こうした「鞍馬寺図」が、上杉本「洛中洛外図」へとプロットされたように、こうした「京名所図画帖」や「京名所図扇面」の各図が、「洛中洛外図」のモティーフとなっていった。

屏風設えのシミュレーション

次に掲げた図（図2）は、私がシミュレーションとしてコンピュータ画像合成をして作ってもらったもので、上杉謙信が織田信長から贈られた「洛中洛外図屛風」を眺めているというイメージである。屛風を向かい合わせに置いて、その中央から東西を眺めやるように鑑賞する。おそらく、「洛中洛外図」の初期的な作品は、春・夏・秋・冬と景観構成を、京都の町並みを覗き込むがご

図2　シミュレーション（信長から贈られた永徳筆の「洛中洛外図屛風」を見る謙信）

二条城「(旧舟木本)洛中洛外図屛風」(東京国立博物館蔵)

とき視点をもった作品であり、このような鑑賞の仕方をしたのだと思う。つまり、禅宗寺院の方丈における室中の四季絵と同じような空間構成をとったのではないか。建築史家の西和夫によれば、このような屏風の設《しつら》えの仕方の事例が文献上はないのだと言う。しかし、私は初期の「洛中洛外図」の屏風の設え方がこのような状態であったものと考えている。

連続面の「洛中洛外図」──舟木本

さて、一双が連続した画面構成をもっている作品は、通称舟木本と呼ばれる東京国立博物館蔵の「洛中洛外図屏風」(旧舟木家蔵)紙本金地著色六曲一双で、豊国廟から方広寺にかけての情景が左から右へと展開し、歌舞伎・豊国定舞台などの芸能興行の場面、そして三条大橋あたりから左隻へ連続して、視線の平面上で繫がっていく画面構成をもっている。舟木本は、従来の「洛中洛外図」とは異なる屏風絵の景観構成である。

それから、左右の隻を上下に合わせると、景観上繫がるという高津古文化会館蔵「洛中洛外図屏風」六曲一双があり、ここでは祇園祭と鴨川の河川・河岸が主題となっている。この二本は、「洛中洛外図」としては例外的な作例といえよう。

描かれた江戸（一）

江戸図屏風と江戸一目図

江戸図の二つのタイプ

都市の心象風景

日本の都市を描いた絵図は、室町時代後期から江戸時代にかけて、国際文化史的にみて独自な展開をとげた。とくに応仁の乱後の復興する京都という大都市をテーマとして、金雲を用いて空間と時間との処理をした「洛中洛外《らくちゅうらくがい》図屏風《ずびょうぶ》」は、その嚆矢《こうし》である。この「洛中洛外図」は、四季（時）と名所（場）とドラマ（物語）性をもった「やまと絵」の系譜を引く名所風俗図として成立した。その都市景観図は、当時の教養人たちの共同幻想ともいうべき文化の媒体として制作され、京で、また地方の大名や豪商などから注文されて鑑賞された絵画であった。

そして、そのことは「洛中洛外図」の系譜を引く、近世の武都を画題とした「江戸図」

についても同様なことがいえよう。こうした「洛中洛外図」や「江戸図」の都市景観図は、「名所図」、あるいは「風俗図」として表現した絵画という性格をもっている。これらの絵画は、建築史の資料として制作されたのではないし、まして歴史の資料として意図されたものでもなかった。あくまでも「都市の心象風景」を、画という媒体を通して表現した作品なのであって、絵師や注文主、そして享受者たちの時代のメッセージの一現象なのである。

そのことは、当初に画の約束事のうえに成立した「洛中洛外図」や「江戸図」屏風は、結果として都市景観図としては最小の必要条件（目的としての「都市の心象風景」）が画として表現されているのである。つまり、直接の事件や建築物の実態などをレポートする性格の絵画ではなかった。したがって、描かれた建物の有無で景観年代を決定し、描かれた都市構造をそのまま現実のものとしてとらえるのは、絵師の当初の意図とは異なるのである。

それは、前節でも触れたように、制作時点である寺院が焼失していても、「あらまほしき都市景観」の一つのイメージとして必要ならば、絵師はあえてその図を描き込んだからである。「あらまほしき」京や江戸のイメージを構成し、平安京や江戸の地を舞台に人々の姿を桃山様式の金碧《きんぺき》の美で仕立てあげたのが「洛中洛外図」や「江戸図」の屏風絵なのである。

屏風絵と一目図

さて、美術史における様式としての桃山様式の一つ「金雲」技法、つまり金箔押し地による源氏雲の連続的な区切りによって時間・空間的に画面の構成上一種のファジーな効果を生み出す技法を用いた都市景観図は、日本の都市景観図の第一段階に相当する。

「洛中洛外図」と、それにつづく「江戸図」などの金碧屏風絵の一群が、第一タイプの都市景観図に相当する。この第一タイプの画面の構成は、土佐派や狩野派の絵師の描いた扇面画や画帖絵などの「名所図」の各モティーフを組み込み、地理的な整合性を絵地図から起こしあげた描写法（俯瞰図法《ふかんずほう》）で表現した作品である。

「江戸図」の屏風は、その景観構成上、二つのタイプに分類される。その一つは、雲形をもって不必要な部分をカットするタイプで、「洛中洛外図屏風」の流れをひく国立歴史民俗博物館蔵の「江戸図屏風」や出光美術館蔵の「江戸名所図屏風」などを代表とする、江戸初期に成立する作品群である。

もう一つは、景観をシームレスな状態であたかも上空から見たような疑似体験をさせる俯瞰図のタイプで、鍬形紹真の筆になる「江戸一目図屏風《ひとめずびょうぶ》」に代表される江戸後期に成立する作品群である。これが日本の都市景観図の第二段階に相当する。

後者のタイプの「江戸一目図屏風」は、江戸の町並みをシームレスな景観として透視図法を用いた俯瞰図であり、すでに享和三年（一八〇三）に鍬形紹真は、この原図となった大大判《おおおおばん》の「江戸名所之絵」（一枚摺《ず》り）を上梓《じょうし》している。これらの新しい江戸の都市景観図は広く流行し、数本の肉筆画をはじめ、再版摺や子孫の版、そして構図を引用した作品が数多く明治初年まで作られた。

ここで、管見する江戸図の屏風絵を一覧してみると、次のとおりである。

江戸図屏風リスト

(1)都市景観としての江戸図

「江戸名所図屏風」　紙本金地著色八曲一双　出光美術館蔵
「江戸名所遊楽図屏風」　紙本金地著色六曲一隻　細見美術館蔵
「江戸図屏風」　紙本金地著色六曲一双　国立歴史民俗博物館蔵（旧林家蔵）
「江戸名所図屏風」　紙本金地著色四曲一隻　細見美術館蔵
「江戸風俗図屏風」　紙本金地著色六曲一双　出光美術館蔵

「江戸図屛風」　紙本金地著色六曲一双　本田家蔵
「江戸図屛風」　宮川一笑筆・紙本金地著色六曲一双（旧渡部家蔵）
「江戸一目図屛風」　鍬形紹真筆・紙本淡彩六曲一隻（元襖絵）文化六年作　津山郷土博物館蔵

(2)絵図の江戸図

「京都・江戸絵図屛風」　紙本金地著色六曲一双　江戸東京博物館蔵
「江戸図屛風」　紙本淡彩六曲一隻　厚木市教育委員会蔵
「江戸図屛風」　紙本淡彩六曲一隻　国立国会図書館蔵

(3)特定画題の江戸図

「日吉山王社参詣・日光社東照宮社参詣図屛風」　紙本金地著色六曲一双　江戸東京博物館蔵
「江戸天下祭図屛風」　紙本金地著色六曲一双（旧本圀寺蔵）
「山王祭礼図屛風」紙本著色六曲一隻　東京国立博物館蔵

伝統の都市図――第一タイプの江戸図

第一タイプの都市景観図は、室町後期に形成され、江戸期へ継承されたが、その「江戸図」としての代表作は、寛永期（一六二四〜四四）の建設途上の武都江戸を描いた出光美術館蔵の「江戸名所図屛風」八曲一双と、徳川幕府三代家光の事蹟を顕彰したともいうべき江戸とその北郊を鳥瞰した国立歴史民俗博物館蔵の「江戸図屛風」六曲一双である。

この二つの屛風絵は、地理的な主題が新しい権力の拠点「江戸」に置かれたということであるが、その部分的な構図のいくつかは平安京の王朝文化への憧憬《しょうけい》にあるといってよい。そして、そのことは、新しい「江戸」の、そして新しい権力者徳川家とそれを支える武家組織の江戸幕府が、当面目標とした文化の有り様を示しているといえよう。

また、こうした江戸の全景ではなく、浅草寺《せんそうじ》と隅田川という古典的主題に近世初頭の芸能や遊里を組み込んだ江戸図がある。それが細見美術館蔵の「江戸名所遊楽図屏風」である。

その他、元禄期（一六八八〜一七〇四）の様相を呈しているとされる出光美術館所蔵の「江戸風俗図屏風」や、十八世紀前葉に浮世絵師の宮川一笑が描いた「江戸図屏風」なども数少ない江戸図のなかで貴重な作品である。

出光本「江戸名所図」

さて、出光美術館蔵の「江戸名所図屏風」は、紙本金地著色のもので、珍しい八曲一双仕立ての中間《ちゅうけん》屏風である。屏風の箱書に「時代都名所中屏風」とあったという。この「江戸名所図」は、寛永初期の江戸の様子を描いたものとされ、諏訪春雄・内藤昌の著書『江戸図屏風』（毎日新聞社）でも詳しく論じられている。

小木新造・竹内誠編『江戸名所図屏風の世界』（岩波書店）によって、また新たな研究成果が提示された。竹内誠は、画中の日本橋橋詰めの両替商の持つ棹秤《さおばかり》に「天下一」と書かれていることから、守随《しゅずい》の天下一銘天秤《てんぴん》の使用を指摘した。丸山伸彦は髪型から従来の女歌舞伎説を否定し、若衆《わかしゅ》歌舞伎であると断じた。また波多野純は、町家の建築作業過

江戸城天守と城下「江戸名所図屏風」(出光美術館蔵)

程実態を如実《にょじつ》に示す部分の精巧な描写や、三階櫓《さんがいやぐら》や大名屋敷の描写について詳しく言及した。その建築過程を示す描写こそ、まさに絵巻などによく用いられる異時同図法の、都市図屏風でのみごとな用例であろう。また私は、江戸城内の紅葉山《もみじやま》東照宮と見なされていた建造物が、実は山王権現であることを指摘した。

この八曲一双という珍しい仕立ての「江戸名所図屏風」は、とくに二つの大きな画題、すなわち左隻の築地の人形浄瑠璃・歌舞伎・軽業の興行の賑やかな場面と、右隻の浅草寺《せんそうじ》境内と浅草橋《あさくさばし》からの三社祭《さんじゃまつり》の行列の華やかな場面とが、寛永期の江戸を表した都市風俗図としての特徴である。

本図には、申し訳程度の江戸城天守が描かれている。建設途上の寛永期の江戸を表現するのに、武家政権徳川幕府の象徴である江戸城よりも、築地や東海道の道筋、そして浅草・吉原・隅田川の方がふさわしいモティーフであると絵師が思ったに相違ない。

右隻の主題は、右端の浅草寺から始まり、三社祭の御輿《みこし》の渡御《とぎょ》のシーンでは、浅草橋から上がってくるところである。そして、湯島天神、三十三間堂、神田明神の観世一世一代能、元吉原、日本橋と展開する。画面は右隻につづけて左隻が展開する形式である。

左隻は、江戸城天守が、その横に見えるのが山王社であり、中橋・京橋・新橋と東海道が続き、築地という埋め立て地に人形浄瑠璃・歌舞伎・軽業の興行の賑やかな場面や、湯《ゆ》女風呂《なぶろ》の風景が繰り広げられる。そして愛宕社、増上寺と描かれている。この品川から新橋にかけては、大名行列が見え参勤交代を表現している。

歴博本「江戸図」

数少ない江戸の都市景観図屛風のなかで、国立歴史民俗博物館蔵「江戸図屛風」は、林家に旧蔵されていたときから話題を呼んだ作品である。

この「江戸図屛風」については、すでに鈴木進・村井益男・平井聖・山辺知行・萩原龍夫・石井謙治らによる『江戸図屛風』(平凡社)、諏訪春雄と内藤昌の研究『江戸図屛風』(毎日新聞社)によって知られている。

近年は、水藤真(「『江戸図屛風』制作の周辺―その作者・制作年代・制作の意図などの模索―」『国立歴史民俗博物館研究年報第三十一集』)や、黒田日出男(『王の身体王の肖像』平凡社)から、制作期や注文主などについて、あるいは描写内容の検討についての大胆な提言がなされ、さまざまな問題が提起されている。

一方で、この屛風の林家に所蔵される以前のデータは、あまりよくわかっていない。また、平成三年の国立歴史民俗博物館主催の特別展「描かれた江戸図」と、その展示図録は、こうした江戸を描いた都市景観図の総覧をなすのに、実態的な提示をなした。私は、歴博本の概括的な問題を、塚本学ほかの研究者の各論とともに問題提起をも含めて提示してきたが（『国立歴史民俗博物館年報第六十集』、『図説江戸図屏風をよむ』河出書房新社）、歴博本「江戸図」については、今なお景観内容および制作に関する検討とその結論は、より慎重を期さなければならないと考えている。

この歴博本「江戸図」には、江戸の御府内が左隻に大体相当し、右隻は神田川から以北の江戸の近郊、川越や鴻巣といった地域まで描いている。とくに左隻の右半分を、江戸城を中心にした城郭を表現しているのが特徴である。また、描写内容を見れば「徳川家光一代記」および「江戸と江戸近郊図」の屏風というべき作品であり、これが描かれた内容を表現した作品名に相当すると考える。

歴博本は、明暦三年（一六五七）の大火で焼失した江戸城天守をもった江戸城を描く。江戸城天守は、焼失して以後再建されていない。しかし、天守をもった江戸城の姿を描いているというだけで、この屏風の制作期をすぐさま明暦の大火以前としてしまうのはどうであろうか。この天守の図については、破風の形などで、江戸初期のいくつかの段階の天守の形とは異なるという建築史家からの指摘があるが、これもまた建築図としてこうした

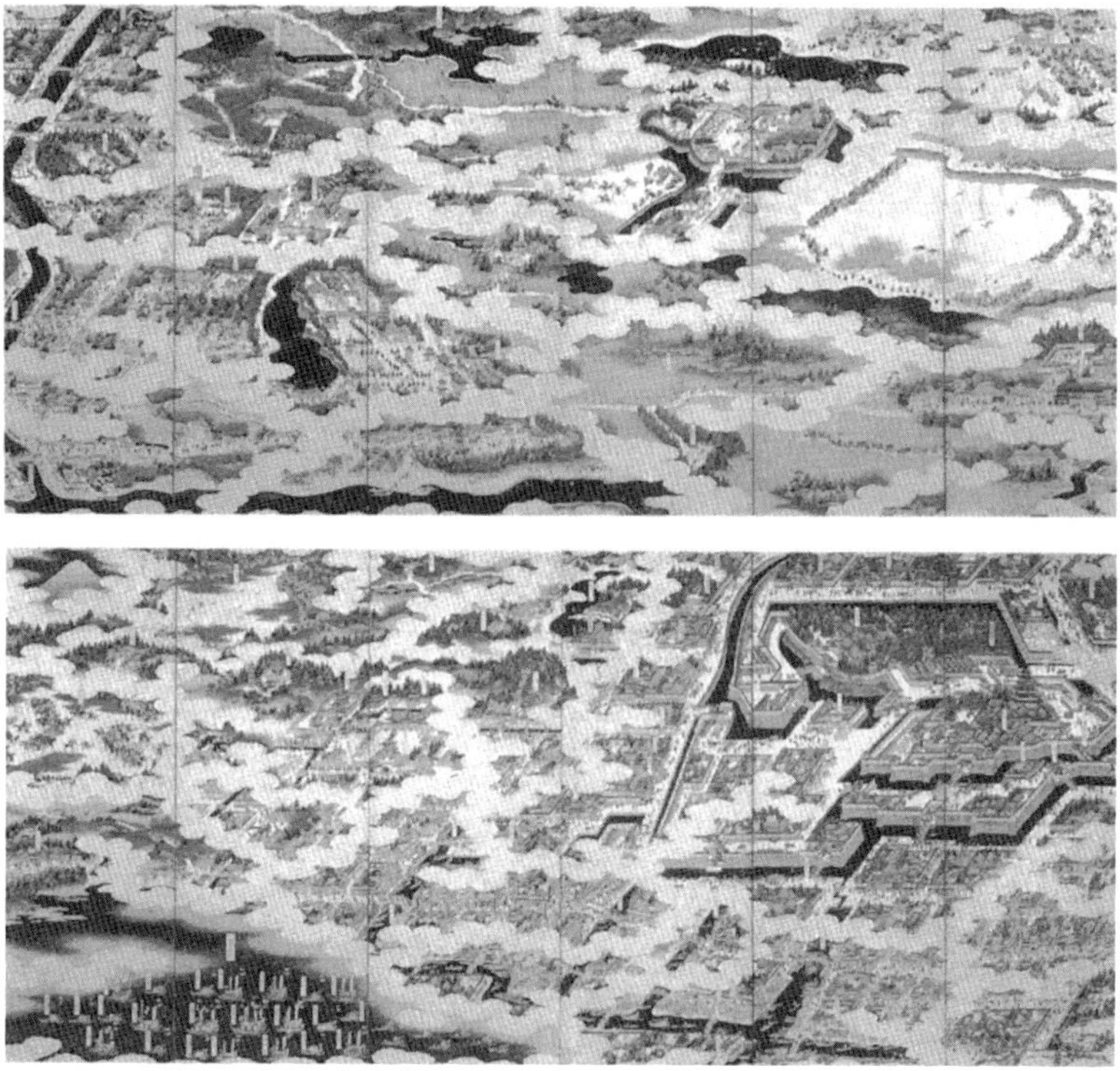

「江戸図屛風」(国立歴史民俗博物館蔵)

都市景観図が描かれたのではないので、無理な注文といえよう。そして歴博本が、内容的に寛永期の時代をテーマとして描いているからといって、制作期をすぐさま寛永期と即断してしまうことも再考を要する。

歴博本の景観内容は、江戸城の城郭全域を左隻の左半分に占め、手前を日本橋から中橋・京橋・新橋、そして品川宿と東海道沿いの町家が、右半分に徳川将軍家菩提所の増上寺と溜池《ためいけ》・愛宕《あたご》・増上寺・目黒・碑文谷《ひもんや》などに、左上部に金雲に括られて冠雪の富士を描く。右隻は、神田川の流れを左側の境とし、手前を隅田川の流域、そして上野・浅草・谷中から三芳野天神・川越城・鴻巣《こうのす》御殿までの広範な江戸北郊の地域を描き、左右の隻に連続した画面構成である。そして三代将軍徳川家光の事績を顕彰した寛永期の江戸景観屏風という特徴をもつ。

細見本「江戸名所遊楽図」

さて、江戸という新興武都を画題とした屏風絵が、当初どのような形で構成されたかが想定できる江戸図屏風がある。すでに「洛中洛外図」が、京の名所図のモティーフの集成図として成立したことを述べたが、同様に江戸の初発的名所図のモティーフの組み合わせとして成立したことが明白な図である。

それは、京都の細見美術館蔵の「江戸名所遊楽図屏風」紙本金地著色六曲一隻で、すでに岡野智子によって『美術史』一四六号で研究成果が報告されている。この「江戸名所遊楽図」は、金雲によって大きく六つのブロックに区切られている。

その六つのテーマとは、右手上から「隅田川図」「浅草寺門前と境内図」「元吉原図」「人形浄瑠璃興行図」「歌舞伎興行図」、そして左手上の「梅若塚《うめわかづか》（木母寺《もくぼじ》）図」である。

この六図のモティーフのなかで、「隅田川図」と「梅若塚（木母寺）図」は、古代・中世的な名所の『伊勢物語』の在原業平東下《あずまくだ》りの都鳥《みやこどり》の歌と、梅若伝説とを源泉にもつ画題で、それを江戸初期的な表現に変化させたものである。

「人形浄瑠璃興行図」と「歌舞伎興行図」は、近世初頭に流行した人形浄瑠璃の興行を二座と、三味線を弾く太夫たちと茶屋の嬶《かか》と猿若を登場させた遊女歌舞伎の興行が画題で、歌舞伎小屋の前では喧嘩の情景が加わる。これらのモティーフは、出光本「江戸名所図」などに見られるものであり、江戸図屛風の先行作品である「洛中洛外図」や「京名所図」などの近世初期風俗画にすでにある画題や構図である。

また「元吉原図」では、囲碁や双六《すごろく》に打ち興じる武家や坊主頭の者や、あでやかな衣裳を着た遊女たちの邸内遊楽図であり、これは明暦の大火で焼失する以前の元吉原の遊郭を表すものである。

さて「浅草寺門前と境内図」が、細見本のもっとも大きく画面を占め、中心テーマである。この浅草寺伽藍の仁王門には、独鈷《とっこ》を持った阿形《あぎょう》の仁王像と、吽《うん》形のそれが対に置かれ、その描写は生き生きとしている。門前には日傘の元に講釈師が簓《ささら》を摺《す》り、講釈の最中。そこに、立ち売りの餅売り女などが参詣客を相手に商いをしている。門前の茶屋には、酒飯や茶菓を求める客が、参詣道には武家が駕籠や馬で参上の様子。仁王門を入ると、左手に三重塔が、右手に鐘楼がある。この鐘楼は、浅草の時の鐘であろう。三重塔前では新発《しんぼ》意太鼓《ち》と放下《ほうか》の芸が演じられ、その向こうには鉦敲《かねたた》きの勧進聖《かんじんひじり》が、というような雑芸者《ぞうげいしゃ》たちの境内での芸能が見られ、後の浅草奥山《おくやま》の芸能興行の先駆をなす境内の情景がうかがえる。

こうした細見本の浅草観音境内図は、寛永期当初の三重塔時代の様子を示している。そして、本堂の横に描かれる屋根をもった橋とその下の池、その奥の朱塗りの社殿が描かれていることが重要である。これは、近世初頭の浅草寺伽藍の様相を示す新しい資料である。この不思議な屋根をもった橋は、すこぶる珍しいものである。その先の社殿は何であろうか。

後で掲げる「寛永時代之浅草寺境内図」によれば、位置関係や状況から弁財天社に相当

「江戸名所遊楽図屏風」（細見美術館蔵）

浅草寺境内・人形浄瑠璃
「江戸名所遊楽図屏風」（細見美術館蔵）

するが、どうであろう。同じく三重塔左手の方形造りの屋根の建物は阿弥陀堂と思われる。朱塗りの社殿を浅草の東照宮と考えたいが、描かれた状況が資料と合致しない。こうした様子は、出光本にもそれらしき部分図が見られる他には、例を知らない。

細見本によって、寛永期の浅草寺境内の姿というものが、どのような意識のもとに描かれたのかということや、江戸という新興武都を画題とした屏風絵が、歴博本というランドスケープの都市景観図として成立する一段階前の江戸図屏風として、細見本「江戸遊楽図屏風」があった可能性が、絵画制作のモティーフのあり方からわかる。また、その中核のモティーフとして「浅草寺門前と境内図」があったといえる。

新しい都市景観図――第二タイプの江戸図

一点透視図法

こうした第一タイプの都市景観図に対し、近世後期になるとさらに新しい都市景観図が登場する。それが一点透視図法を用い、シームレスで都市景観を疑似的に表現した画である。これが、第二の都市図のタイプである。

その代表作が、鍬形蕙斎紹真《くわがたけいさいつぐざね》の描いた「江戸名所之絵」あるいは「江戸一目図《ひとめず》」と称される作品である。蕙斎は、津山藩松平家の御用絵師であるが、元は江戸の浮世絵師北尾政美《まさよし》であった。

「江戸一目図」の大作は、現在屏風仕立てとなっている鍬形紹真筆「江戸一目図屏風」(津山郷土博物館蔵)である。この屏風絵は、かつては襖絵《ふすまえ》であったものである。この作品は、制作以前に板行された一枚摺りの「江戸名所之絵」がベースとなっている。「江戸名所之絵」は、「江戸名所絵」、または「江戸一目図」「江戸鳥瞰図」などと名づけられた一枚摺りの淡彩な錦絵《にしきえ》で、再版や孫の蕙林の再刻板や、ほかの浮世絵師による版本挿絵や銅版画版などに転用され、また構図の類似した作品など、数多くの類似作品が作られた。

こうした鍬形蕙斎紹真の一連の作品が、第二タイプの江戸図の中核を担ったのである。すでに西洋では、俯瞰《ふかん》図法による都市図の制作が版画で出版され、一四一〇年代にブルネルレスキにより透視図法が考案され、その画法が試みられた。十七世紀には、すでに覗きからくりの実験がなされた。こうした西洋的な俯瞰図法（それまでの日本の俯瞰図法とは異なる）、つまり一点透視図法による表現が日本に導入され、「浮絵《うきえ》」が制作されるようになったのである。

この「浮絵」は、円山応挙《まるやまおうきょ》の描いた「浮絵」表現による京名所図や、眼鏡絵《めがねえ》など、あるいは浮世絵師の描いた「浮絵」、そして覗《のぞ》きからくりの流行で人々に広まった。こうした新しい一点透視図法や、新しい都市景観図の表現法は、当時の近世人たちに驚きをもって迎えられたのである。

こうしたシームレスで都市景観を疑似的に表現した特異な絵師、鍬形蕙斎紹真（北尾政美）の活躍については、後半で明らかにする。

景観のシームレス化

鍬形紹真筆の「江戸一目図屛風」（元は襖絵）は、文化六年（一八〇九）の款記をもち、署名と印「紹真」が捺《お》されている。

この絵は、蕙斎独特の淡彩画で、彼の独特な略画タッチとともに、江戸を深川あたりの上空から斜めに富士山の方向を眺めやる鳥瞰図で、一点透視図法による作品である。

画中には人物などいないようにみえて、実は細かく描きこまれていて、よく見るとあたかも動き出すかのような錯覚すら感じるのが特徴である。また、火の見櫓《やぐら》の位置をはじめ、それぞれの建造物の位置関係も地理的整合性があり、また真写性という特色をもった作品である。

この「江戸一目図」は、いわゆる金雲や、すやり霞《がすみ》などの伝統的なやまと絵の空間処理法を用いていない。しかし、決して一軒一軒を写実的に描いているわけではなく、写実的に見えるようにあるブロックを一つの構図として組み合わせて、一見写実性のあるように仕立てた、いわば「だましの集成図」といえる。換言すれば、それぞれの名所地、あるい

鍬形紹真筆「江戸一目図屏風」文化6年（津山郷土博物館蔵）

83　新しい都市景観図

は建造物のモティーフを繋ぎ合わせて、一見すべてが連続しているように整合性のあるよう仕立てているのである。

「江戸一目図」とは、いわば「さまざまな要素」を「組み込み」、それらを「うまくつなぎあわせ」、一点透視図法で「シームレスに仕立て」、「一目で見る如く」に人をだましえた、江戸の景観図であるといえる。このように、まるで江戸を「一目で見るがごとく」に描いた新しい都市景観図である。こうした絵を、「真景」とも称した。

この屏風絵は、すでに享和三年（一八〇三）八月に出版許可を受けた同じ絵師の摺物「江戸名所之絵」の大画面バージョンである。こうした新しい視点の、第二タイプの都市景観図は、同時代人たちの驚きをもって迎えられ、多色摺り木版画や銅版画によって一点透視図法によるシームレスの都市鳥瞰図が多量に生産され、供給されることとなった。

絵図の「江戸図」

新出の絵図屏風　内外における一連のいわゆる江戸の都市景観を描写した「江戸図屏風」を中心とした調査において、いくつかの新出資料が浮かび上がってきた。

こうした江戸の景観を描いた屏風絵をはじめとする絵画は、その制作過程についてさまざまな推測がなされてきている。たとえば、歴博本「江戸図」は、その景観年代や制作年代についての論争が激しいが、一方で、現在最古の版本による江戸図としてよく知られる「武州豊嶋郡江戸庄図（通称「寛水江戸図」）」がその地理的景観の下図であろうと、従来言われてきたし、またそうであろうとの臆測をしてきたのも事実である。

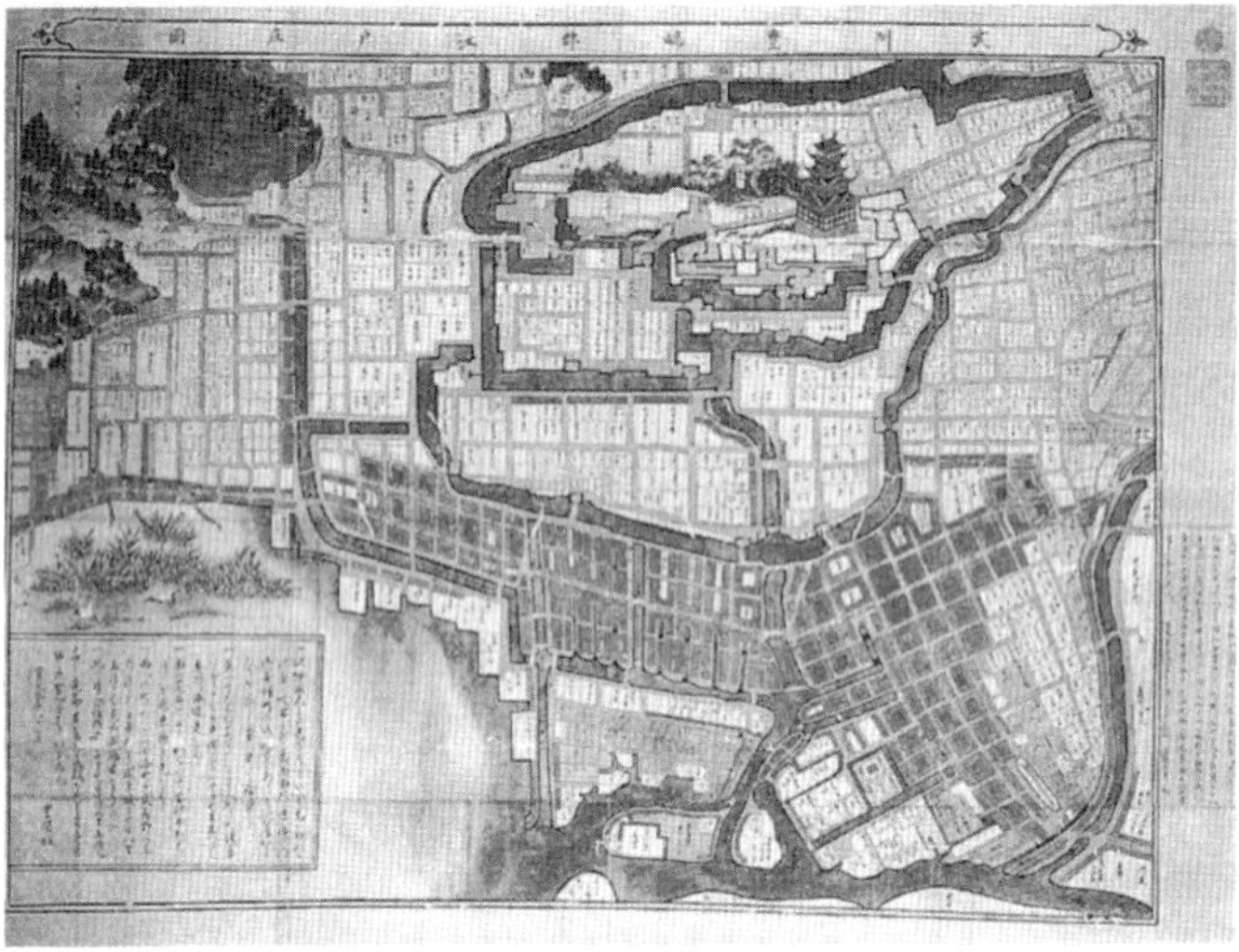

「武州豊嶋郡江戸庄図」（東京都立中央図書館蔵）

しかし、加藤貴によれば、各種の江戸の地図の諸本の検討や、原本の所在の不明な江戸図（たとえば「武州豊嶋郡江戸庄図」など）の現存諸本の分析などから、どうやらこの「武州豊嶋郡江戸庄図」をそのまま下敷きに用いたと考えることは難しいという。もちろん、江戸図屏風の制作に、地図というものが有効な情報源であったことは相違ないことと思われる。しかし、どういう地図やデータを情報源としたか、どのように利用したかについては、もっと慎重に検討しなければいけないということである。

さて、このように「江戸図」という絵図の屏風の成立にかかわる地図の「江戸図」と、その制作過程を考察するのに都合のよい作品が出現した。それは、江戸東京博物館蔵の「江戸絵図屏風」と、神奈川県厚木市教育委員会蔵の「江戸図屏風」である。

江戸博本「江戸絵図屏風」

「江戸絵図屏風」は、江戸東京博物館蔵の「京都・江戸絵図屏風」紙本金地著色六曲一双の片双である。

この「江戸絵図屏風」は、金地に金雲という金碧画の処理をされた地図の「江戸図」が主体であるが、いくつかのランドマークが絵画化されている。それは、ほぼ画面中央に位置する江戸城をはじめ、江戸の各御門、浅草寺・駒形堂・三十三間堂・谷中の五重塔・寛永寺・上野東照宮・不忍池・富士浅間・山王社・愛宕・目白不動・増上寺・目黒不動・東海寺・池上本門寺・御米蔵・御材木蔵・新御蔵などが絵として表現されている。江戸城は、天守閣を中心に櫓や堀割と塀に囲まれ、堀に渡された橋も画となっている。とくに「御本丸」「西ノ丸」「二ノ丸」「三ノ丸」「紅葉山」「百間蔵」「御馬蔵」「乗物下馬」などの墨書があり、本丸周辺は金砂子蒔金雲で覆われている。

日本橋をはじめ、中橋、京橋、千住大橋などの橋は絵として表現されている。とくに中橋の西側の堀割が埋め立てられている様子となっており、近世初頭の都市江戸が発展するなかで、存在の短かった中橋とその周辺を描く貴重な資料でもある。中橋は、歴博本「江戸図屏風」や、出光本「江戸名所図屏風」にも描かれているが、地図的な表現としては本図がすぐれている。

「江戸絵図屏風」は、図中にある「長松様屋敷」や、旧駿河大納言邸が「御蔵屋敷」とあること、「常盤橋」や「谷中の五重塔」など、さまざまな存在から、その景観は慶安二年（一六四九）から承応元年（一六五二）と推定されている。

「京都絵図屏風」には、二千ほどの書込があるといわれ、その景観は寛永二十年（一六四三）から正保二年（一六四五）ごろと推定されている。

しかし、この京と江戸を描いた、金碧の都市絵図屏風の景観年代や、制作年代に関しては、今後の精査によって結論を出したい。

ともかくも、この「京都絵図」「江戸絵図」一双は、地図と絵図のはざまの表現を具体的に示している作品である。

厚木市本「江戸図」

厚木市教育委員会蔵の「江戸図屏風」（厚木市本と略称）は、落款も署名も年紀も記されておらず、所伝も不明である。画は紙本淡彩で、現在は中屏風（画面実寸一一七・七センチ×二六四・〇センチ）に仕立てられている。

しかし、よく調べてみると、本来は絵図として作られて折り畳み状に保管されていたも

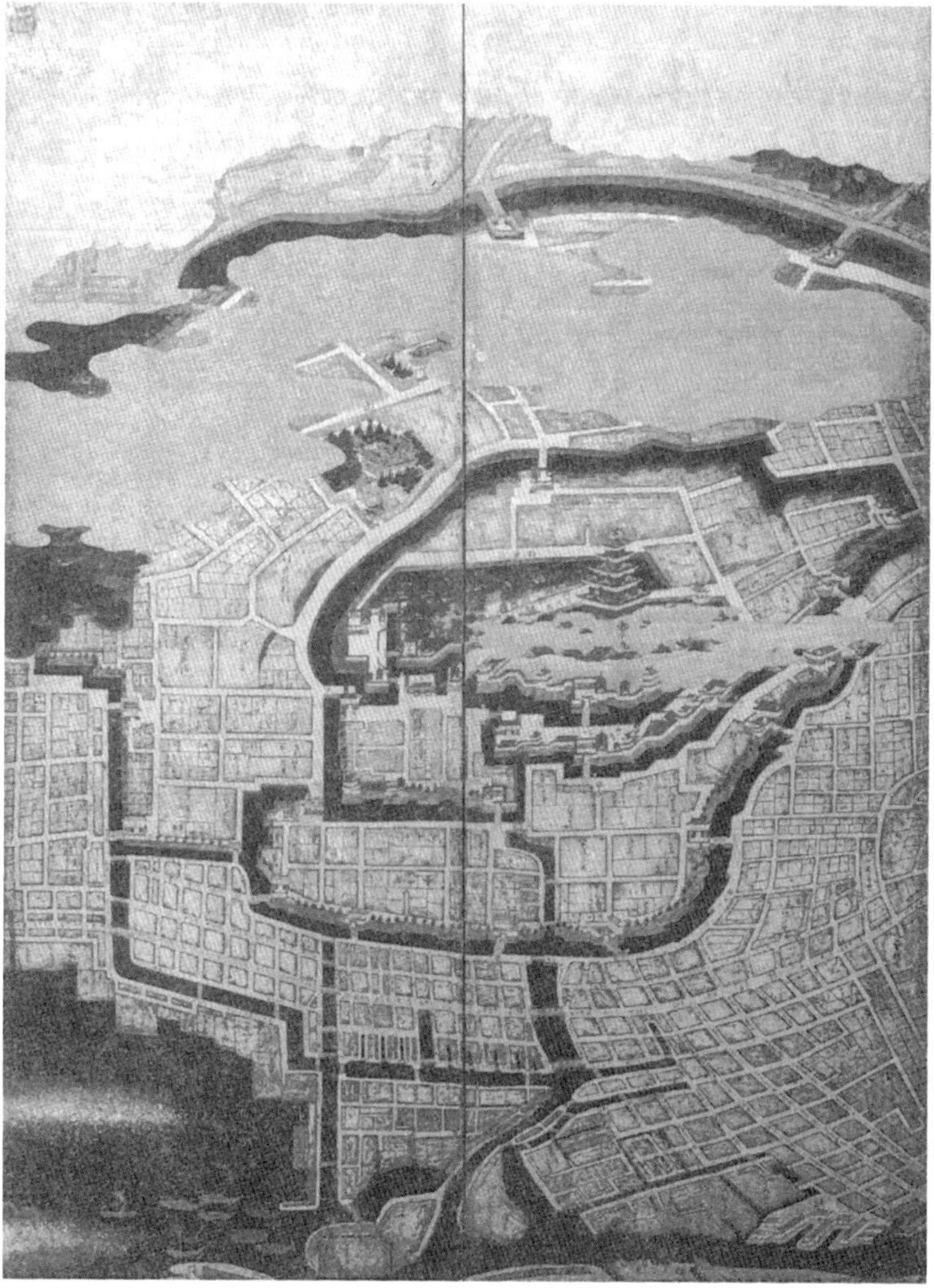

江戸城と町割り「江戸絵図屏風」(東京都江戸東京博物館蔵)

のが、屏風として仕立て直しをされたことが判明した。それは、折り跡や紙継ぎの具合などから判明した。

このことで惜しまれるのは、屏風の画面寸法に合わせるためか、本来あったと思われる左右の部分が裁ち落とされてしまったということである。とくに右側には、浅草寺や吉原などが連続して描かれていたと想定され、トリミングされた部分にあったと思われる浅草・吉原などの地域の重要な情報源がこれにより失われてしまったことは、たいへん残念である。この絵図を屏風仕立てとすることによって、商品価値を上げるためであったのか、それとも旧蔵者が屏風絵として鑑賞するように仕立てたのであろうか。

厚木市本が描写している江戸の地域的範囲は、江戸城本丸を中心とした江戸城城郭と内堀・外堀の掘割を中心にして、東は隅田川の東岸地域を少し取り込み、北は（おそらく浅《せん》草寺《そうじ》・待乳山聖天《まっちやましょうてん》・吉原あたりも描かれていたと想定される）現状では東叡山寛永寺《とうえいざんかんえいじ》と不忍池《しのばずのいけ》あたりや「板橋」の地名書き込みで表現され、西は護国寺あたりまで、南は品川あたりとなっている。

もちろん、鍬形紹真の「江戸名所之絵」や「江戸一目図屏風」などの一点透視図法による俯瞰表現の景観構成と内容を参考にしたであろうことは想像に難くない。しかし厚木市

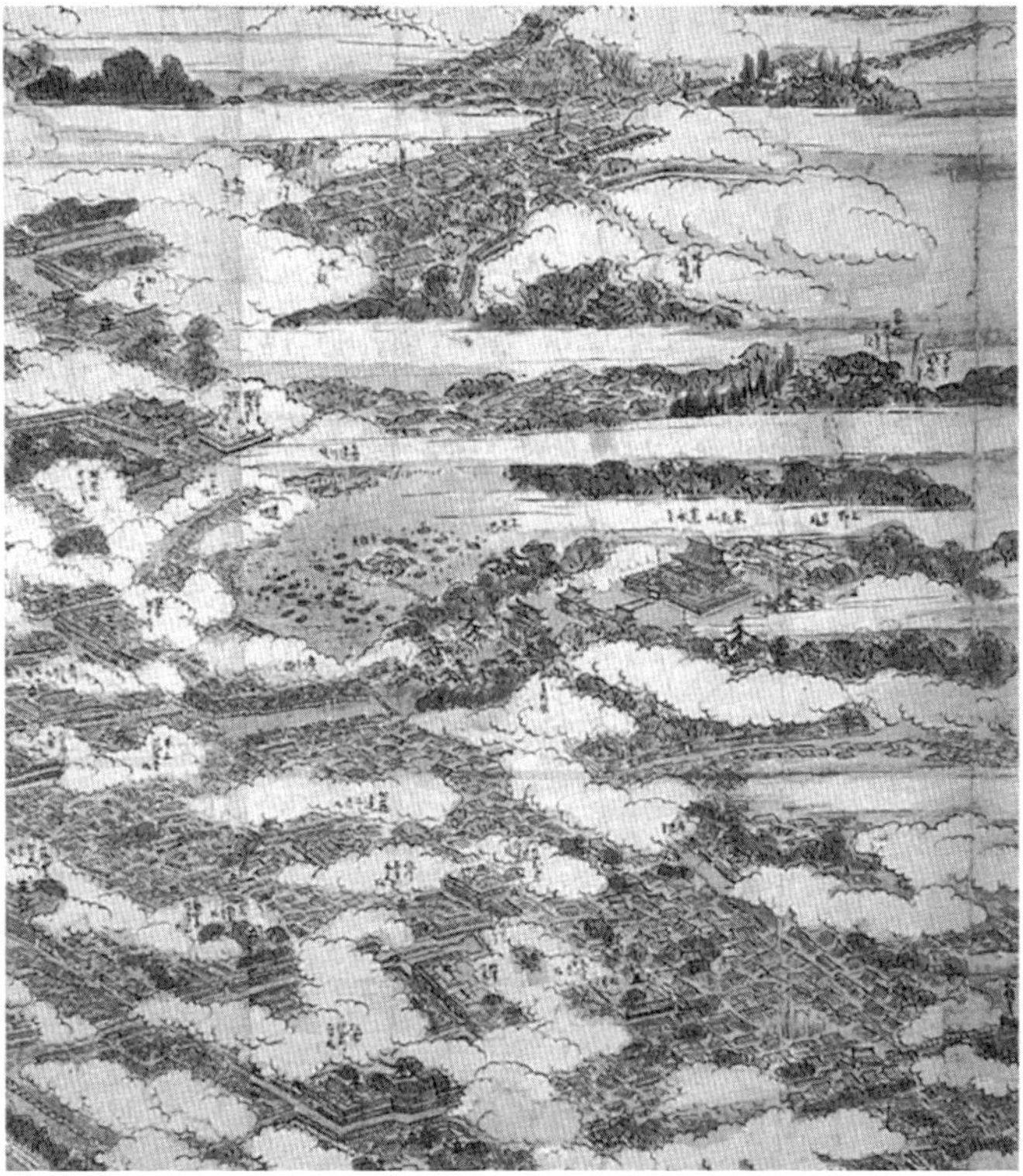

上野・本郷「江戸図屏風」(神奈川県厚木市教育委員会蔵)

本は、それらにない地域の様子も描き込んでいる。また地理的な表現、たとえば鍬形紹真の作品の場合は絵画的な遠近感を強調するため東海道を新橋あたりまで稲妻形に（本当はほぼ真っ直ぐな道なのに、わざとジグザグに描くことにより奥行きを出す）描いているが、この厚木市本ではむしろ、おのおのの道の曲がり具合のほうを重視した表現となっているのである。このことが、厚木市本の成因を物語る重要な要素であり、また地図から絵図、そして絵画としての都市景観図といった作品の、創作の思考および制作過程を知るうえで、たいへん貴重な作例であるということが、厚木市本の登場で言えるのである。

厚木市本の特徴

さて厚木市本の特徴を列挙してみよう。

①俯瞰的な江戸の住まいの実体を復元することに有効な資料であること。

②地図を具体的な視覚情報資料として絵図化した「江戸図」であること。

③そのことにより絵画としての「江戸図屛風」の制作過程の一部分が想定できること。

④描かれた大名屋敷やその構え、町並み、架橋、火の見櫓、邸内や戸外の樹木の様子、芝居や見世物の興行の小屋、木戸や道端の小屋など、江戸の都市景観にかかわる住生活の基本が具体的な視覚化による表現がなされていること。

⑤龍の口にある屋敷に「龍口御上ヤシキ」と書き込まれていることから、大名細川家の家中で作成した可能性が高いこと。
⑥また、各大名屋敷の配置と、江戸の地理的要素（たとえば広小路や掘割、特徴ある地形、坂、曲がった道など）を丁寧に描いていることなどから、おそらく細川家の新規江戸詰め家臣（国元からはじめて江戸へ出てきた者）への江戸案内の視覚教材として制作された可能性があること。
⑦これらの絵画情報に書き込みがあり、絵画と文字の二つの視覚情報により、位置関係や必要な事物を表現していること。
⑧厚木市本には、江戸の名所が多く描き込まれているものの、従来の「江戸図屏風」に描かれた人物が、一切登場しないこと。

これらのことから、厚木市本は、江戸の地理的な情報、すなわち付き合いのある、あるいは重要な大名家や幕臣の邸宅の場所の情報、江戸の名所地の情報、それらの情報を立体的視野のもとに俯瞰できる構図として描写するのに、先述した江戸後期のシームレスな透視図法を用いた江戸図屏風のタイプで表現した点（雲形の括りや霞の輪郭などが描かれるが、基本的には景観としてつながりが構成の主体となっている）に新鮮味があること。そして、それを視覚教材として活用するために制作されたと考えられる絵図としての「江戸図」であること。さらに、「江戸一目図屛風」や版本の「江戸名所之絵」のように細緻な描写でも略画人物が数多く描かれたのに比べ、厚木市本に人物が登場しないということこそ、厚木市本が地図を基調とした案内絵図、すなわち情報絵図という性格をもっていたことが指摘できる。地図を絵図化したということは、第三扇の上部に、丸枠に「東西南北」と朱書きされた方位が記されていることからも明白である。

景観年代

描かれた情報から、厚木市本の景観年代のおおまかな上限と下限が推定できる。それは、次の二点である。

まず上限の時期であるが、本図の谷中の部分に「谷中感応寺、当時天王寺ト寺改」と書き込みのあることから、天保四年（一八三三）十一月ごろが相当すると考えられる。それは、天保四年十一月に谷中の感応寺が天王寺と改号された直後の経緯を物語っているからである。

ついで下限であるが、図中に「フキヤ丁市村座」「サカイ丁中村カン三郎芝居」と書き込まれている葺屋町《ふきやちょう》市村座と堺町中村座の両座芝居小屋の存在から、両座が森田座とともに浅草の丹波国園部藩小出家の下屋敷跡へ替え地として移転する以前の、天保十二年

（一八四一）十月が相当すると考えられる。この両座は、天保十二年十月七日の早暁に中村座から出火し焼失した。
斎藤月岑《げっしん》編『武江《ぶこう》年表』によれば「(天保十二年) 十月七日、暁七半時、堺町より出火、両座芝居、堀江六軒町、元大坂町、新和泉町、新乗物町其の外類焼」とあり、翌年二月に両座が浅草の丹波国園部藩小出家の下屋敷跡へ替え地として移転した旨が記されている。『徳川実紀』にも、同年十月七日の条に「堺町勘三郎座より火いでゝ、葺屋町その他焼失す」とある。こうしたことから、本図では、これ以前の両座両町の様子を描いたものである。

これらの図や書き込み、そして大名の受領名などから、厚木市本は、上限を天保四年十一月、下限を天保十二年十月とし、一八三三〜四一年ごろの状況を示しているものと推察する。とすれば、この時代の熊本藩細川家藩主は、細川斉護《なりもり》に当たる。また赤坂御門外の紀伊家が描かれた右側（北側に相当）には雲形のなかに矩形状のものが線描としてみられるが、これは吹上への水道のサイフォンであろうとの見方もあるが、水道関係の資料を捜索しているものの、いまのところ不明であり、むしろ塀を描きかけたところとみた方がよいと現時点では考える。また、日吉山王社は「三王宮」と書かれるとか、増上寺が「増正

江戸城・細川家龍口上邸・日本橋
「江戸図屏風」（神奈川県厚木市教育委員会蔵）

寺」と書かれるなど、いくつかの誤字・宛字《あてじ》がみられる。

書き込みデータ

厚木市本に書き込まれている名称は、江戸城や徳川御三家、そして細川家をはじめとする大名屋敷、そして神社仏閣、地名（坂・窪・町・橋・堀・門ほか）などで、総数五二九件にも達する。また判読不能なものもいくつかある。これらの文字データと、絵図として描きおこされた屋敷構えや建造物、地形や通り、河岸、橋、火の見櫓、船、樹木、木戸など、本図は大変貴重なデータを提供してくれる。大名家は、受領名のほか、御三家は「殿」付け、その他は「様」付けが補筆（墨の色が違い、また付け加えて書いたことが位置関係からもわかる）されている。また「様」付けのない大名屋敷もある。これらは上屋敷と下屋敷を区別するためのものかとも思われる。なお「松平大膳太夫様ヒノキヤシキ」のように特記されている大名屋敷もあり、当時の評判を書き込んだものと思われる。

細川家との関連

細川家の別邸は「浜丁御ヤシキ」と記されている。浜町の別邸は、天保期前後に移動がある。天保十四年（一八四三）「御江戸大絵図」（高井蘭山図・岡田屋嘉七板）を見ると西本願寺近くの万年橋そばに細川越中守の別邸があるが、本図では「井伊右京太夫様」の屋敷となっている。この点、天保期の別邸の移動を調べれば、本図の成立期がより狭まるかもしれない。しかし、随所に追記や改竄《かいざん》の跡が認められることから、天保期四年以降の制作後、さまざまな状況の変化において補訂して用いられたものであろう。

江戸城は「御本丸」のほか「西ノ丸御殿」などが表記され、明暦《めいれき》の大火以降再建されなかった天守の位置に「天守台」と書かれた露座の天守台が描かれている。屋敷名も大火の多かった江戸を象徴するように「火消《ひけし》ヤシキ（火消屋敷）」や「定火《じょうび》ケシ（定火消）」の名も見える。日本橋には、高札も書き込まれ、また呉服の大店で有名であった本町の三井越後屋や、恵比寿屋・布袋《ほてい》屋・亀屋・松阪屋などの名前も見える。時の鐘は、芝切り通しのものが描かれている。

このように、厚木市本は、江戸の景観図、絵画としての江戸図屏風が制作されるにあたって、地図や記録などを手がかりとした制作過程において、絵画として強調されたり、歪曲されたり、削除されたりする情報があったことを、比較のうえで確認することができ、また一方で地図を視覚的な情報として仕立てるために絵図化した好個の例としてあげることができよう。

都市景観の復元を、このような性格の異なる絵画資料から、より正確なデータを見いだして活用するためには、むしろそれぞれの資料の性格吟味と、その資料の成立要因や利用の目途を、そして何を用いて、どのように加工して、どのように表現したかの調査・研究が必要なことを痛感させられる。

描かれた江戸（二）

一　場面から江戸を見る

浅草・上野・隅田川の景

古刹浅草寺《こさつせんそうじ》とその境内に近接する隅田川は、古代より古典文芸のテーマであり、また画題としてよく採りあげられた。浅草寺の草創譚である「浅草寺縁起」、これは浅草寺に現在、応永・慶安・承応・寛文・享保・寛政の六種の縁起が伝わり、このうち慶安・寛文の縁起二種が絵巻である。

浅草寺縁起

浅草寺の碩学《せきがく》であった網野宥俊の著『浅草寺史談抄』(浅草寺教化部)によれば、応永縁起はかつて六巻本であったと思われるもので、今は第一巻しか現存しないという。タイトルを「武蔵国浅草寺縁起」といい、これは詞書《ことばがき》のみで、『続群書類従』第二十七輯下に縁起全文が所収されている。

浅草観音の出現　狩野氏信筆「(寛文本) 浅草寺縁起絵巻」(浅草寺蔵)

慶安縁起は、住吉具慶筆と伝える絵巻で、跋《ばっ》文《ぶん》より慶安五年（一六五二）に成立したものであるという。さきの応永縁起につづく浅草寺の縁起で、寛永八年（一六三一）の本堂炎上と同十二年の徳川家光による本堂再建、同十九年の本堂再炎上と慶安二年の再建という、浅草寺の寛永期の二度の回禄と再建をストーリーとした二巻の絵巻である。この慶安本に、後述する三重塔と五重塔の両塔並立の画が描かれている。

承応縁起は、応永縁起六巻と慶安縁起二巻を集成して、漢文体の一巻本としたものという。

寛文縁起は、一般によく知られている「浅草寺縁起」で、寛文二年（一六六二）六月に成立した狩野氏信筆の七巻からなる絵巻であるが、現在そのうちの第七巻目を欠くという。この縁起の寄進者は、上野《こうずけ》国沼田の城主滋野伊賀守信澄である。この絵巻は、宮戸川《みやとがわ》（隅田川）の観音出現の図から始まる「浅草寺縁起」が、金泥《きんでい》引きの優美な彩色画として展開する。

浅草・隅田川の古典テーマ

浅草や隅田川は、江戸という地域では古代からの名所地であった。在原《ありわらの》業平《なりひら》の歌物語『伊勢物語』第九段、業平東下《あずまくだ》りの都鳥《みやこどり》の歌にまつわる「業平隅田川渡舟の図」は、絵巻や絵本などの画題となった。また謡曲「隅田川」の梅若《うめわか》と母妙亀尼の説話に関わる「梅若塚と木母寺《もくぼじ》の図」も同じように画題となった。

このような古代からの名所《などころ》としての性格をもった浅草寺や隅田川という地域が、江戸時代に入り、武家の都市として大きく発展をとげた江戸のなかでも、とくに重要な名所としての位置を占めた。徳川将軍家が全国支配する拠点の「江戸」、つまり天下の総城下「江戸」という都市を、俯瞰図法で描いた「江戸図」と総称される絵画のなかでも、これらの名所は主要な構図として描かれた。それは、とりもなおさず古典的主題であった名所《などころ》としての浅草寺と隅田川が、浅草寺の境内や門前に、そして隅田川の川岸の周辺に、参詣や遊楽に訪れる地としての新しい性格をもった近世的な名所《めいしょ》地として、新たなる近世名所絵の画題となったのである。

両国橋と隅田川　狩野休栄筆「隅田川長流図巻」（大英博物館蔵）

換言すれば、浅草・隅田川の地域は、江戸を描いた名所絵の第一番目に挙げられる画題である。たとえば歴博本「江戸図屏風」や出光本「江戸名所図屏風」をはじめとする屏風絵の主要な構図として描かれている。

また、それぞれが直接の画題となり、長尺の図巻として作られた。「江戸風俗図巻（上野の図・浅草の図）」（大英博物館蔵）や狩野休栄《きゅうえい》筆「隅田川長流図巻」（大英博物館蔵）のような図巻がその作例である。

そして「浅草寺図」「隅田川図」のような肉筆の掛幅絵や、鳥居清長筆「江戸八景」、歌川広重筆「名所江戸百景」をはじめとする浮世絵版画として数多くの画題となった。

歴博本の浅草・上野の景

歴博本「江戸図屏風」のうち上野・浅草・隅田川の地域を描いた部分は、右隻の第四・五・六扇の下半分にあたり、屏風一双の面のほぼ八分の一を占め、左隻の江戸城城郭図の部分に次ぐ面積である。

詳しく見ていくと、浅草橋から奥州道中・日光道中の道筋をたどり金雲をへて浅草寺境内にいたる一くくりの部分図には、駒形堂は描かれず、その箇所と思われる所には船着き場が描かれ、浅草寺への参詣人が船から歩む光景となっている。浅草橋の南には、浅草御門らしき建物もなく、御米蔵と思われる箇所も畑地となっている。

浅草寺境内は、三重塔が西側に見え、楼門・鐘楼もあり、本堂はあまり大きくは描かれていない。三重塔には風鐸《ふうたく》が各層の軒先に描かれ、また厩《うまや》に白馬が秣《まぐさ》を食む。境内には編笠をかぶった武家や、供を連れた被衣《かずき》の女性たちなどが参詣する様子を描く。浅草寺の参道には、門前市をなすがごとしで、茶店や煙草・食べ物などの立ち売り商いに参詣人の武家や被衣姿の女たちがそぞろ歩き。紅葉した景となっており、季節は秋を示す。

上野から神田川までの地域を描いた金雲での一くくりの部分は、東叡山寛永寺《とうえいざんかんえいじ》と上野東照宮、不忍池《しのばずのいけ》、それにつづく湯島天神、中山道と神田筋違橋《すじかいばし》の景観である。寛永寺伽藍《がらん》は、根本中堂・にない堂（法華堂と常行堂という同型の堂宇をそり橋状の渡り廊下でつなぎ下を通れるようにした建物）・多宝塔・鐘楼・経蔵・仁王門・露座の大仏など、そして小高い丘の上には清水堂、西側には桜花の咲きほこる境内をもった上野東照宮の権現造《ごんげんづく》りの社殿、それに接して寛永寺五重塔がそびえる。季節は春を示す。

寛永寺と東照宮・浅草寺・隅田川
「江戸図屏風」右隻（国立歴史民俗博物館蔵）

寛永寺の大仏は、寛永八年（一六三一）に堀直寄の寄進した漆喰丈六《しっくいじょうろく》の大仏を描いたもので、貴重な絵画資料である。この大仏は正保四年（一六四七）の大地震で倒壊し、その後明暦期に木食上人《もくじきしょうにん》の唐銅《からかね》大仏が復興し、その後も倒壊、再興を繰り返し、今は仏頭前面のみが伝わる。

浅草や谷中《やなか》に比べて、上野東照宮や寛永寺境内には僧侶や武士といった身分ある男性のみしか描いていない。これは、徳川家ゆかりの地域であることを暗示するかのようである。まだ上野の山での花宴の様子はない。

また谷中の部分は別の金雲のくくりであり、桜花爛漫の感応寺や善光寺が描かれる。寛永十九年（一六四二）刊の『可笑記《かしょうき》』に載る、善光寺で上層階級の町人たちが花の宴を開き歌を詠むなどの楽しみをつくす様子を彷彿《ほうふつ》とさせる情景である。

出光本の浅草・上野の景

同じく寛永期の景観を描写した出光本「江戸風俗図屏風」では、どうであろうか。この八曲一双という珍しい仕立ての屏風絵は、右隻に隅田川・浅草寺・上野寛永寺・不忍池・元吉原・日本橋などの景観を、左隻に江戸城と東海道筋と築地の新開地・愛宕や増上寺を描いた作品である。「江戸名所図」の部分、浅草寺境内に注目すると、西側に三重塔が描かれている。

浅草寺は、記録によれば寛永期に二度の火災に遭っている。寛永八年（一六三一）四月二日と同十九年（一六四二）二月十九日の炎上で、両度とも本堂は焼失した。そして、それぞれ寛永十二年（一六三五）と、慶安二年（一六四九）に本堂が再建されたという。この三重塔は寛永十九年に焼失することから、それ以前の浅草寺境内を描いたものということになる。しかし、寛永十二年の再建時に、東側に五重塔が建立されたという。

この出光本は、三重塔と本堂をはじめとした伽藍であり、最初の火災の寛永八年より以前の境内をイメージしていることになる。この江戸初期の浅草寺の伽藍では、現在見る五重塔のあたりに三重塔が建っていたものと考えられ、また雷門《かみなりもん》（風神雷神門）はまだ建てられていなかった。

さて、出光本「江戸名所図」に話をもどすと、浅草寺伽藍は本堂・三重塔（西側）・拝殿（舞台）・鐘楼・仁王門などが描かれ、そのほか小祠なども描かれている。とくに左手（西側）の細長く観音開きの扉がいくつもついた建物は、ほかの絵画資料に見られないもので、厩《うまや》か神輿倉《みこしぐら》であろうか。また本堂左手奥には、屋根のかかった橋の一部が描かれているが、これは細見美術館蔵の「江戸名所遊楽図屏風」によってさらに鮮明な画像となる。

三社権現らしい建物は、本堂に対してあまりに小さく、木々に隠れて印象が薄い。それに比べると、三社祭の練り物としての風流（仮装）行列や神輿《みこし》渡御《とぎょ》の情景は、きわめて大がかりに表現されている。浅草観音の安置された本堂前では、風流傘鉾《かさぼこ》に放下《ほうか》の芸がみえ、褒《ほろ》武者や南蛮や鷹狩りの風流、揃いの衣裳の住吉踊り、鉾、禰宜《ねぎ》などの祭礼の者たちがみえる。

とくに建物よりも大きく描かれた人物もいて、浅草寺の上方に描かれる寛永寺境内の小さな人物描写とは対比的であり、右隻において三社祭の場面が主題であることがわかる。

参詣道には、獅子舞に太鼓、おかめの道化などの太神楽《だいかぐら》の一団、褒武者の風流、馬上の神主、神馬、そして土師中知《はじのなかとも》（一の宮）・檜前浜成《ひのくまのはまなり》（二の宮）・竹成《たけなり》（三の宮）を祭神とした三基の神輿の渡御がつづく。神輿の二基は鳳凰が、一基は宝珠《ほうしゅ》が頂を飾る。一基は浅草橋の北橋詰で舟から上げようとする様子。それを見る沿道の人々の姿が描かれる。

このほか、隅田川では川沿いに風流の者や観客がそぞろ歩き、あるいは舟で物見遊山の姿、そして向こう岸では木母寺と思われる所で女性たちの花見の宴。また京の妙法院三十三間堂に見立てて建立されたという江戸の三十三間堂では、通し矢の武者たちが描かれる。

寛永寺境内図

出光本「江戸名所図」の寛永寺境内は、根本中堂・にない堂・鐘楼・五重塔などの堂塔が、そして権現造りの上野東照宮、手前にすやり霞《がすみ》をへ

寛永寺と東照宮・三社祭と浅草寺・隅田川
「江戸名所図屛風」右隻（出光美術館蔵）

て小さく清水堂があり、先述したとおり境内に参詣する人物の姿は豆粒ほどの大きさに感じるほど。不忍池の池辺には茶屋らしき建物が桟敷を池面に出して遊客がみえ、弁天社の小島が地続きのように描かれる。池には水鳥が一羽、そして水門が描かれる。

「寛永時代之浅草寺境内図」

浅草寺に伝わる三枝守道《さえぐさもりみち》という人が寺納した「寛永時代之浅草寺境内図」（「寛永古図」と通称）によれば、本堂に向かって左手（西側）に三重塔、右手（東側）に五重塔がある。

この三枝守道の「寛永古図」を見ると、本堂の西側のわきに、小さな川の流れが、というよりは掘割に似たようなものに橋が二つ架かっている。その島の中に弁天社と地蔵堂が描かれており、おそらく出光本「江戸名所図」の屋根付橋の奥にあるものは、この弁天社と想定される。一方で、元和四年（一六一八）に浅草境内に東照宮が建立されたことが記録に見えるので、この浅草の東照宮というふうに考えることもできるかと思われる。しかし東照宮の権現造りという大規模な建造物が描かれていないので、今のところ弁天社に渡るための屋根のある特殊な橋だと考えたい。

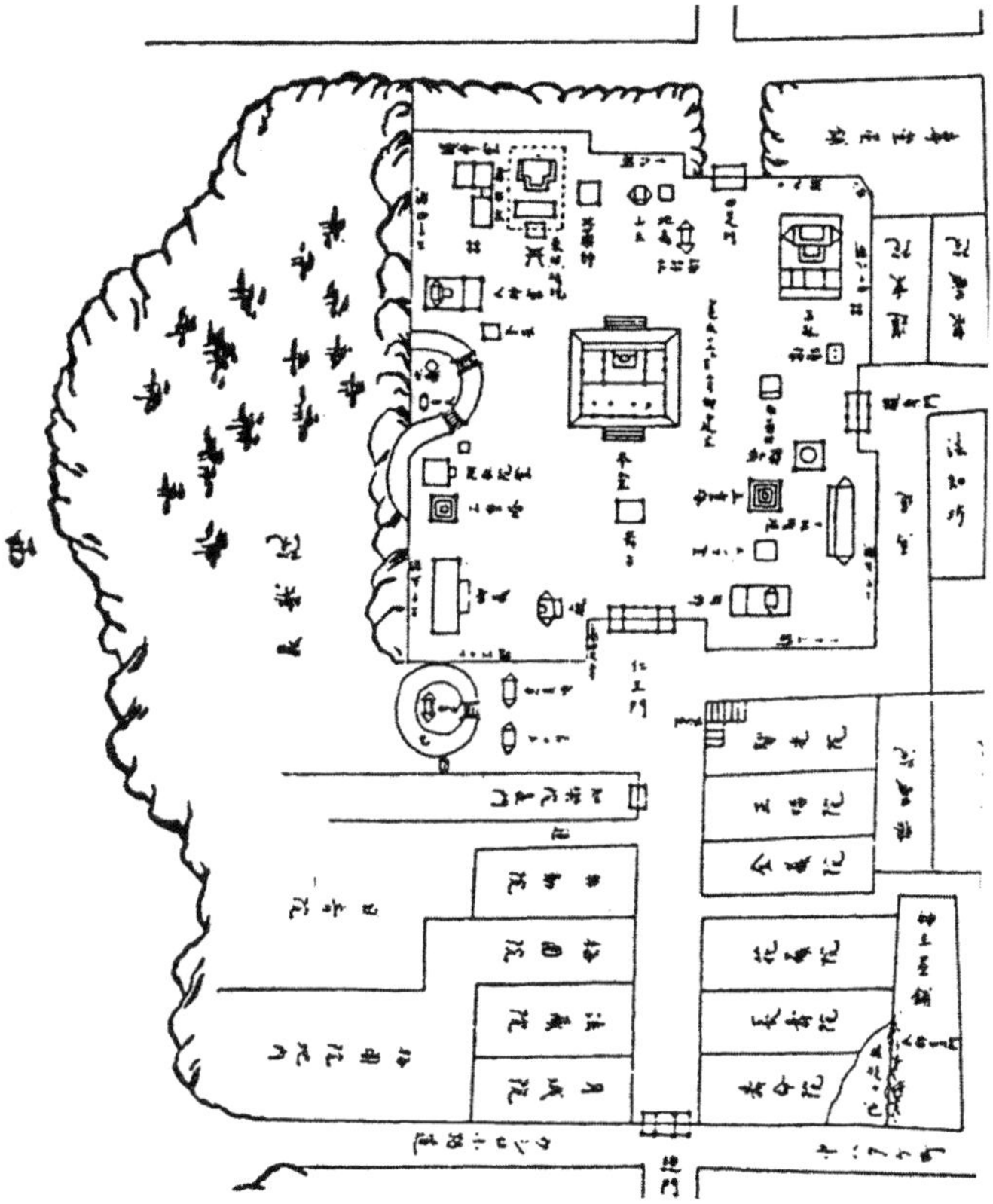

浅草寺の三重塔と五重塔
三枝守道寺納「寛永時代之浅草寺境内図」より（浅草寺蔵）

同時に、この三枚の「寛永古図」には、三重塔と五重塔の並立した時代と思われる二塔並立の記載が認められる。ちなみに、正保元年（一六四四）の地図「正保年間江戸絵図」では、東側に五重塔が立っている様子が描かれ、また延宝八年（一六八〇）の地図「江戸絵図」では、同じく東側に塔があり、西側には池があり、厩も描かれている。

三重塔と五重塔の並立

網野宥俊著『浅草寺史談抄』によれば「一見不均衡に見えるが、三重塔の方だけは（寛永八年の）焼失を免れたものと思う」と解釈されている。そして、寛永十二年の再建時に五重塔が東側に建てられた。寛永十九年度の浅草寺の火災では、「伽藍一宇も残らず焦土となりぬ」という状態で、本尊観世音菩薩像を火中より護持するだけがやっとであったと慶安本「浅草寺縁起」に記されている。そして慶安年中の再建によって本堂の右手（東側）に再び五重塔が建立され、その際に南大門（現在の雷門）も建造されたと、承応本「浅草寺縁起」や松平冠山著『浅草寺志』などにみえる。

このように寛永期の浅草寺伽藍は、たびたびの火災と再建によって寺観の変貌を余儀なくされた。これを整理すると、近世初頭では、寛永八年以前の三重塔（西）時代、寛永十二年～寛永十九年の三重塔（西）＋五重塔（東）並立時代、寛永十九年以降の五重塔（東）

寛永19年の回録で浅草寺の両塔炎上
住吉具慶筆「(慶安本）浅草寺縁起絵巻」慶安５年（浅草寺蔵）

時代という浅草寺伽藍の変遷があったと考えられる。

寛永期の浅草寺の伽藍について描かれた絵画資料は、先述した歴博本「江戸図」と出光本「江戸名所図」が、よく知られた存在であった。それに加えて細見美術館蔵の「江戸名所遊楽図屏風」は、江戸図屏風の成立を考えるうえで、また近世初頭の浅草寺伽藍を考察するうえでも、貴重な絵画である。

ここに、この両塔並立の時代を描いた作品が存在する。江戸東京博物館蔵の「江戸絵図屏風」である。まさに、両塔が描かれている。この浅草寺境内をみると、雷門・仁王門・本堂と一直線に位置

上野・浅草寺・隅田川　「江戸絵図屏風」（江戸東京博物館蔵）

し、その左手（西側）に三重塔が、右手（東側）に五重塔が描かれている。奥の左手には、東照大権現の社が見え、また本堂右手には三社権現、随身門、その周辺には摂社・末社や寺院の坊が取り囲んでいる。

そうすると、「江戸絵図屏風」の「浅草寺境内図」は、寛永十二～十九年（一六三五～四二）の景観内容をもつこととなるので、先述した慶安二年～承応元年（一六四九～五二）の景観年代説とズレを生じる。景観年代については再考を要することとなるが、絵図として組み込むモティーフとして両塔並立の境内図を入れた可能性もありうる。

図巻に描かれた上野・浅草・隅田川

江戸の二大名所地の「上野」「浅草」は、徳川幕府権威の象徴としての「上野」、庶民信仰と古典名所の象徴「浅草」という性格をもっていた。「隅田川」は、「浅草」に接して流れ、墨堤の名所地化とともに江戸の文人墨客や町人たちの四季遊楽の場となった。これらの名所地はそのまま画題となり、また風俗画の背景として、江戸時代には数多く描かれた。そのなかでも「上野」と、「浅草」の参詣道から境内にかけての景観が、細長い構図をとりやすかったため、図巻仕立ての画題となった。その作品の白眉《はくび》として、大英博物館に所蔵されている「江戸風俗図巻」がある。また「隅田川」も、その長流と両岸の風景が図巻の画題として適していたため、数多くの作品が残る。

大英博本「江戸風俗図巻」

大英博物館蔵の「江戸風俗図巻」紙本著色二巻は、金砂子《きんすなご》蒔《ま》きの装飾性の高い極彩色《ごくさいしき》絵巻であり、「上野の図」と「浅草の図」の、それぞれ一〇メートルもの長尺な作品である。描写年代は、西山松之助が寛永寺の仁王門の存在と花見の景から、享保五年（一七二〇）四月から翌六年の三月までとし、享保六年春の寛永寺参詣風景図として描かれたものと結論づけている（『秘蔵浮世絵大観Ⅰ』解説、講談社）。この図巻の画法や画風、そして風俗描写からも、享保期ごろの十八世紀前葉の作とみてよい。二巻とも同一工房の作品である。

上野の図

「上野の図」の巻は、上野広小路から寛永寺根本中堂にいたる上野山内花見の情景を描いたもの。広小路では馬上の若殿を警護する供侍《ともざむらい》・奴《やっこ》たちの参詣姿から始まり、米屋・鳥屋・縫屋・盆栽屋・飾物屋と三橋《みはし》へつづく諸職商家の家並みと家業を描き、その道筋の行商人の魚売り・盆栽売り・本屋・花売り・菜売りなどに、三橋の南橋詰め広小路では太神楽の門《かど》付《つ》けに見物の群集の様子がみえる。忍川《しのぶがわ》に架かる三橋の真ん中の橋上には塗り物駕籠《かご》に女中が付き随う姿で、姫君か上臈《じょうろう》の参詣か。

三橋から仁王門までは、錫《すず》挽《ひ》き師・餅屋・吹き矢・金魚屋・薬種《やくしゅ》屋の家並みと、花見の宴に長持ち・酒樽《さかだる》・弁当箱などを運ぶ下僕たちの姿や、浮かれて角樽《つのだる》に桜の一枝を差す花見客、参詣人が行き来する。仁王門の左手に黒塗りの門構えがあり、一部の人はそこから出入り。仁王門から山内は、桜花爛漫である。山王社は独特な山王鳥居に社殿が極彩色の桃山様式の建築として描かれる。清水堂の舞台には眺望を楽しむ人々の姿。文殊楼《もんじゅろう》の手前には「下馬」札があり、ここに供侍や奴たちが馬や駕籠、荷物を置いて休息の様子。筵《むしろ》を広げて赤子に乳を含ませる母親や、酒を飲む侍たち。背負われた幼児の姿も、そこここに見える。文殊楼の手前に鐘楼があり、これは上野の時の鐘。文殊楼からにない堂にかけては、幔幕《まんまく》の中で箏《そう》や三味線の音曲に、腰元たちを引き連れた上臈の花見の宴が、鼓《つづみ》に太鼓《たいこ》に手拍子で打ち興じる武家の宴がたけなわの様子。その手前に、赤鳥居が一つ見えるのは上野東照宮への入口を示す。その横の鐘楼は、寛永寺の鐘。にない堂からは、手水鉢《ちょうずばち》、多宝塔、輪蔵《りんぞう》をへて勅額門《ちょくがくもん》を入り、根本中堂の大きな堂宇がそびえる。庭には竹が植えられているが、これは慈覚大師が唐から持ち帰ったと伝える比叡山根本中堂の竹を根分けしたもので、竹台《たけのうてな》と称した。堂上にも参詣人が上がり、拝礼している姿も見える。元禄ごろから上野の山での花見が行われたと解釈される本図は、みごとに当時の花見風景や上野周辺の諸職風俗の姿を、今日に伝えてくれる。

上野の山王社　「江戸風俗図巻（上野の図）」（大英博物館蔵）

寛永寺文殊楼と花見の宴　「江戸風俗図巻（上野の図）」（大英博物館蔵）

浅草の図

「浅草の図」の巻は、隅田川の両国橋から始まり、浅草御門をへて蔵前通り、駒形堂、浅草寺境内へとつづく参詣道の情景を主題とする。両国橋東橋詰めに近い二階家では、階上の障子《しようじ》をすべて開け広げての納涼の宴。大名の屋形船から小さな猪牙舟《ちよきぶね》までが納涼に繰り出した隅田川。その上に架かる両国橋の上も涼みの老若貴賤の男女でいっぱい。橋の中央には、橋銭をとる小屋。浅草御門を抜けて浅草橋からの道筋には、床屋・煙草屋《たばこや》・下《くだ》りもの屋（上方からの紙・傘などを商う）・人形屋・竹細工屋の店と画面がつづく。そして立派な門は御米蔵《おこめぐら》の上ノ門、その脇に米屋があるが、これは札差。木戸があって、米を搗《つ》く精米の作業の姿が描かれる。

「浅草御蔵絵図」（江戸東京博物館蔵）によれば、この手前が天王町ということになり、鳥越《とりごえ》橋を渡ってから片町・森田町・同二丁目・旅籠《はたご》丁一丁目と街並みがつづく。鳥越橋の橋詰では、舟から米俵の荷揚げの様子。子供相手の駄菓子の立ち売り、煙管屋・傘張りと提灯張り屋、木戸と番小屋があり、ここには立派な長屋門が描かれるが、これが御米蔵の中ノ御門。その門前に、鰹《かつおう》売りや風車を手にした子供たちの姿。造花屋・薬種屋・田楽《でんがく》屋、その手前の鳥居は八幡宮、そして餅屋・下りもの屋（傘・紙など）・茶屋・蕎麦《そば》屋とつづき、駒形堂と船着き場が登場する。

駒形堂の前では陸に上がって浮かれて踊り出す男もいる。堂には白馬の像が安置され、堂の上にあがる子供たちの姿が見える。そこから魚屋・酒屋・奉納の絵馬と鳥居を売る店・刻み煙草の立ち売り・餅屋・島台屋・両替屋・料理屋などとつづく。その道中に、放下などの雑芸人や、小間物などの行商人、六十六部などの聖《ひじり》や願人《がんにん》たちの姿もうちまじり、浅草観音参詣への人々が往来する。

風神と雷神の像が鎮座する雷門をくぐると浅草寺境内に入り、子院の門構えがつづくなか、仮小屋の見世がでており、後世の仲見世の原型がそこにはうかがえる。笛売り・子供の手遊び売りなどの見世がある。仁王門に近づくと茶屋があり、仁王門の前では、真っ赤に彩られた阿《あ》形・吽《うん》形の仁王像を見上げる子供連れの参詣人が、そして門の左脇（東側）に覗きからくりが出ている。

この覗きからくりには、朝鮮通信使のような格好をした男が馬にまたがる姿や唐子《からこ》風の人の馬上での逆立ち姿といった曲馬芸の人形が軸柱を巡っており、装置のからくりの糸を操る菅笠《すげがさ》姿の男が外に立つ。絵看板には荒武者の争う姿の図が描かれているが、曾我物狂言の一場面であろうか。三つの覗き穴があり、その二つにしがみつく人の姿から、子供だけでなく、前髪や中剃《なかぞ》り頭の若衆たちも楽しんだ娯楽施設であった。

浅草寺境内　「江戸風俗図巻（浅草の図）」（大英博物館蔵）

浅草寺仁王門と覗きからくり　「江戸風俗図巻（浅草の図）」（大英博物館蔵）

仁王門から内側には、本堂右手に基壇があり五重塔であろうか。煙草や茶筅《ちゃせん》、絵を商う掛茶店《かけちゃや》がある。この絵は、大津絵のような肉筆戯画か手彩色の浮世絵であろうか。鐘楼や随身門《ずいじんもん》の一部もちらりとみせ、絵馬を奉納する人や、本堂裏の熊谷稲荷に朱の鳥居をいくつも奉納する人、白馬にまたがった禰宜《ねぎ》や、本堂前で駕籠から下りる若君など、さまざまな人々が参詣に群れ集まる浅草観音堂の情景である。

こうした十八世紀前葉の上野と浅草を描いた二巻の風俗絵巻は行動する江戸の町人や武家の華やかなイメージと、彼らを相手に商いをした上野・浅草の人たちの姿を、今日の私たちに伝えてくれる。

江戸八景

瀟湘八景から江戸八景へ

八景という、名勝地の風光明媚《ふうこうめいび》な八つの景観を一くくりの単位で表現することが、古く中国の北宋の時代に始められた。いわゆる「瀟湘八《しょうしょうはっ》景《けい》」が、それである。瀟湘八景とは、中国の現湖南省にある洞庭湖《どうていこ》と、そこに流れ込む瀟江と湘江の二つの流れの風景があまりに見事な景観をなしているということから、そのうちの情景の八つをテーマとしたものである。遠浦帰帆《えんぽきはん》・山市晴嵐《さんしせいらん》・漁村夕照《ぎょそんせきしょう》・平沙落雁《へいさらくがん》・煙寺晩鐘《えんじばんしょう》・洞庭秋月《どうていしゅうげつ》・瀟湘夜雨《やう》・江天暮雪《こうてんぼせつ》の八景であり、詩情豊かな景観は中国北宋の時代に文人の宋迪《そうてき》によって創案されたという。この瀟湘八景の日本版が、「近江《おうみ》八景（琵琶湖八景）」であり、江戸時代になって「江戸八景」という「江戸名所」見立てとなった。これが各地に引き継がれ「葛飾《かつしか》八景」「金沢八景」などの見立て八景が文人たちによって編まれた。

「瀟湘八景図」は日本で大変好まれた画題で、牧谿《もっけい》や玉澗《ぎょくかん》といった中国画人の船載画を室町将軍家などが所有し、飾られ鑑賞された。とくに玉澗筆「瀟湘八景図」の巻子本が、足利義政の東山山荘会所の中央の部屋の東西小壁に掛けるために、切断されて八軸の掛け物とされ、のちに茶の湯流行のなかで値段が高騰したエピソード（『等伯画説』）は有名である。水墨画の中国山水図の画題の一つとして、日本でもよく描かれ、屏風絵や掛幅《かけふく》絵として阿弥派や狩野派などをはじめとして多くの絵師が作品を残している。

近江八景は、瀟湘八景の情景を表す下の二字をとって、それに相当する（二字の）地名を琵琶湖周辺の名所地にあてはめたもので、粟津《あわづ》の晴嵐・石山《いしやま》の秋月・瀬田《せた》の夕照・三井《みい》の晩鐘・唐崎《からさき》の夜雨・堅田《かただ》の落雁《らくがん》・矢橋《やばせ》の帰帆・比良《ひら》の暮雪を近江八景としたもの。この近江八景の見立てをした人物や時期は、今のところ不明である。

「江戸八景」に関しては、元禄三年（一六九〇）に刊行された『増補江戸総鹿子名所大全』に隅田夜雨・忍岡《しのぶがおか》秋月・増上晩鐘・鉄淵《かねがふち》帰帆・浅草晴嵐・愛宕夕照・富士暮雪・目黒落雁として八景が挙げられているのが早い時期のものと、西山松之助は『江戸庶民の四季』（岩波書店）で述べている。

春信の八景

鈴木春信《はるのぶ》の八景の作品には、有名な「坐舗《ざしき》八景」があるが、この作品では特定の名所地を示していない。その春信に、「風流江戸八景」の八図の中に、浅草晴嵐・上野の晩鐘がある。

春信画「風流江戸八景　浅草晴嵐」（東京国立博物館蔵）は、浅草の楊枝《ようじ》屋本柳屋の店先が描かれ、そこには明和の三美人の一人銀杏《いちょう》娘が美男の若衆の相手をしている艶《えん》なる光景がみられる。黒頭巾《くろずきん》に黒羽織の粋な若衆は、煙草に火を点けようとしながら評判娘に流し目をやる風情。背景には柳屋を暗示する柳の木に流水が描かれ、暖簾《のれん》にも柳の枝葉が染め抜かれる。また上の歌には「雲はらふあらしにつみもあさくさに　世わたる人もむれつゝぞよる」とある。この店は、房楊枝《ふさようじ》や源氏五倍子《ふし》（ヌルデの木につく虫こぶで、おはぐろの材料）、酒中花《しゅちゅうか》（酒に浮べると開く、花鳥などのつくりもの）などを商っていた。この娘は、明和期に笠森《かさもり》お仙とその美貌を争ったという。銀杏娘の名は、浅草寺観音堂裏の大銀杏の樹下にあった店の売娘なので付けられた通称で、柳屋お藤のこと。明和六年（一七六九）三月から店に出たという。

もう一図の「風流江戸八景　上野の晩鐘」では、上野寛永寺の境内に若君らしき少年と、

清長画「江都八景　両国橋夕照」（大英博物館蔵）

春信画「風流江戸八景　浅草晴嵐」（東京国立博物館蔵）

その刀を持った若衆の供侍、それに若君の手を取った侍女らしき女の三人連れが、左上を見上げる姿が描かれる。この背景には朱塗柱と緑青《ろくしょう》の柵があることから、仁王門を想定しそうになるが、この作品が描かれたと思われる明和期（一七六四〜七二）には寛永寺に仁王門は存在しない。おそらくイメージであろう。上の雲形の狂歌に「この山のころまちえたる花さかり　よそにはつけよ入相《いりあい》のかね」とあり、入相の鐘、すなわち上野の時の鐘の晩鐘に耳を傾け聞くポーズを示したものである。

「風流江戸八景」シリーズは、ほかに「品川帰帆」「駒形秋月」「両国夕照」「角田川落雁」「真乳山の暮雪」「日本つつみの夜雨」がある。

春信には、ほかに「風流浮世八景」「当世話世八景」「風流謡八景」などがあり、八景図をよく手がけた。

清長の八景

鳥居《とりい》清長《きよなが》の錦絵「江戸八景」八枚（大英博物館蔵）は、黒地円窓枠《まるまどわく》内に「品川帰帆」「台嶺晩鐘」「両国橋夕照」「衣紋坂《えもんざか》夜雨」、同じく黒地洲浜形窓枠内に「浅草寺晴嵐」「角田川《すみだがわ》落雁」「愛宕秋月」「金竜山暮雪」の画題で、それぞれ彩色の景色が描かれる。

品川は、御殿山の桜の花見の景となっている。衣紋坂は、いわずと知れた新吉原への土手道で、その日本堤《にほんづつみ》の土手に衣紋坂、そして遊廓《ゆうかく》の家並みには天水桶《てんすいおけ》と火叩きが載り、そこへ雨が降る情景となっている。両国橋は、大型の屋形船の舳先《へさき》を見せて、納涼の風景である。浅草寺は、本堂からの眺めで、仁王門とその左に五重塔、そして境内の見世の風景に、空を鳩らしき鳥が飛ぶ。角田川（隅田川）は、木母寺《もくぼじ》あたりの向島《むこうじま》の土手を描き、川面には屋形船が浮かび、落雁の情景。愛宕は、高台の愛宕社を左に、三田・高輪あたりの街並みと沖の風景となっている。ここで金竜山とは待乳山聖天《まっちやましょうてん》のことで、雪景の社殿から隅田川の流れと向こう岸の三囲稲荷《みめぐりいなり》の土手の眺望を描き、これらは「浮絵」である。

清長は、ほかに「風流吉原八景」「金竜山八景」などの作品もある。

また妖艶な美人画の名手喜多川歌麿《きたがわうたまろ》は、吉原の遊女たちや遊廓の情景を数多く描いているが、吉原を八景見立てとした作品も多い。「江戸八景」のほか、「青楼美人八景」「青楼手取八景」「仮宅八景遊君之図」などの見立て絵となっている。

そのほか「浅草八景」「隅田川八景」のような八景もある。歌川広重《ひろしげ》画は肉筆「根岸八景図」や錦絵「江戸近郊八景」「玉川八景」という佳作も描いた。

日吉山王社の景

さて、徳川家の産土社《うぶすな》とされた日吉山王社について、その部分図の描かれ方を比較してみよう。「武州豊島郡江戸庄図」では、「山王」と書き込みがあり、鳥居はあるが、山王社の本殿は描いてない。

「日吉山王社参詣図」 寛永十九年（一六四二）の徳川家光の嫡男竹千代が山王社に参詣する様子を描いた「日吉山王社参詣図屛風」紙本金地著色六曲一隻（江戸東京博物館蔵）には、日吉山王社の境内《けいだい》や社殿が詳細に描写されており、一直線上に伽藍《がらん》が表現されている。

この金碧《きんぺき》屛風は、寛永期の徳川家光と天海僧正にかかわる作品である。この図と対になる片双の「日光東照社参詣図屛風」は、寛永十九年（一六四二）四月の家光の日光東照社落慶法要《らつけいほうよう》への参詣と神事能、門前町、それに今市の宿を描いている。この一双の屛風絵に落款《らつかん》署名はなく、絵師は不明であるが、描法が歴博本「江戸図屛風」に類似する。

寛永十九年（一六四二）二月九日に、のちに徳川将軍家第四代将軍家綱となる家光の嫡男竹千代は、生後半年に徳川家の産土神である日吉山王社（現、日枝神社）へ初宮参りを行った。

徳川家綱は寛永十八年（一六四一）八月三日に江戸城本丸御殿で生まれた。誕生から半年ほどの幼児竹千代が初宮参りをしたことが『徳川実紀』寛永十九年二月九日の条に見えるが、この屛風絵にはその様子が桜田門から山王社までの行列図として描かれる。『徳川実紀』によれば、当日巳《み》の刻（午後十時ごろ）に二の丸御殿内宮に参詣し、本丸御殿にいったん帰館し御祝事があった。そののち大手門から出て紅葉山《もみじやま》東照宮を参詣したという。それからただちに麹町山王祠（当時の山王社は三宅坂の国立劇場辺にあった）に詣でたとある。

儀式の供奉随身《ぐぶずいしん》の行列は、阿部対馬守重次《つしまのかみしげつぐ》を先頭に、御輿の前後に諸大名を従え、御太刀持役の酒井河内守忠清《かわちのかみただきよ》をはじめ、銃・弓・槍など、近習が囲繞《いぎょう》して守護する麗々しい

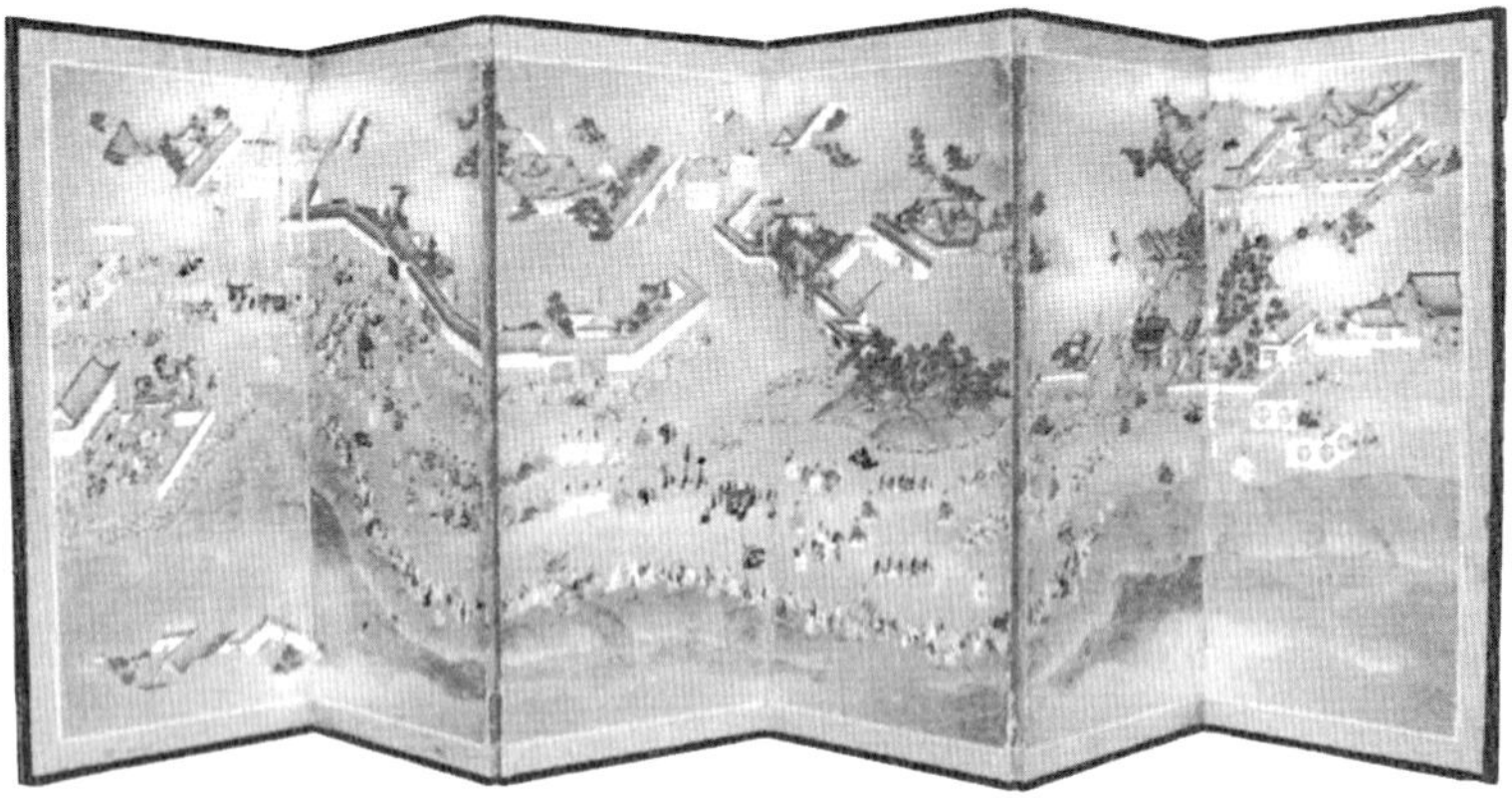

「日吉山王社参詣図屏風」（江戸東京博物館蔵）

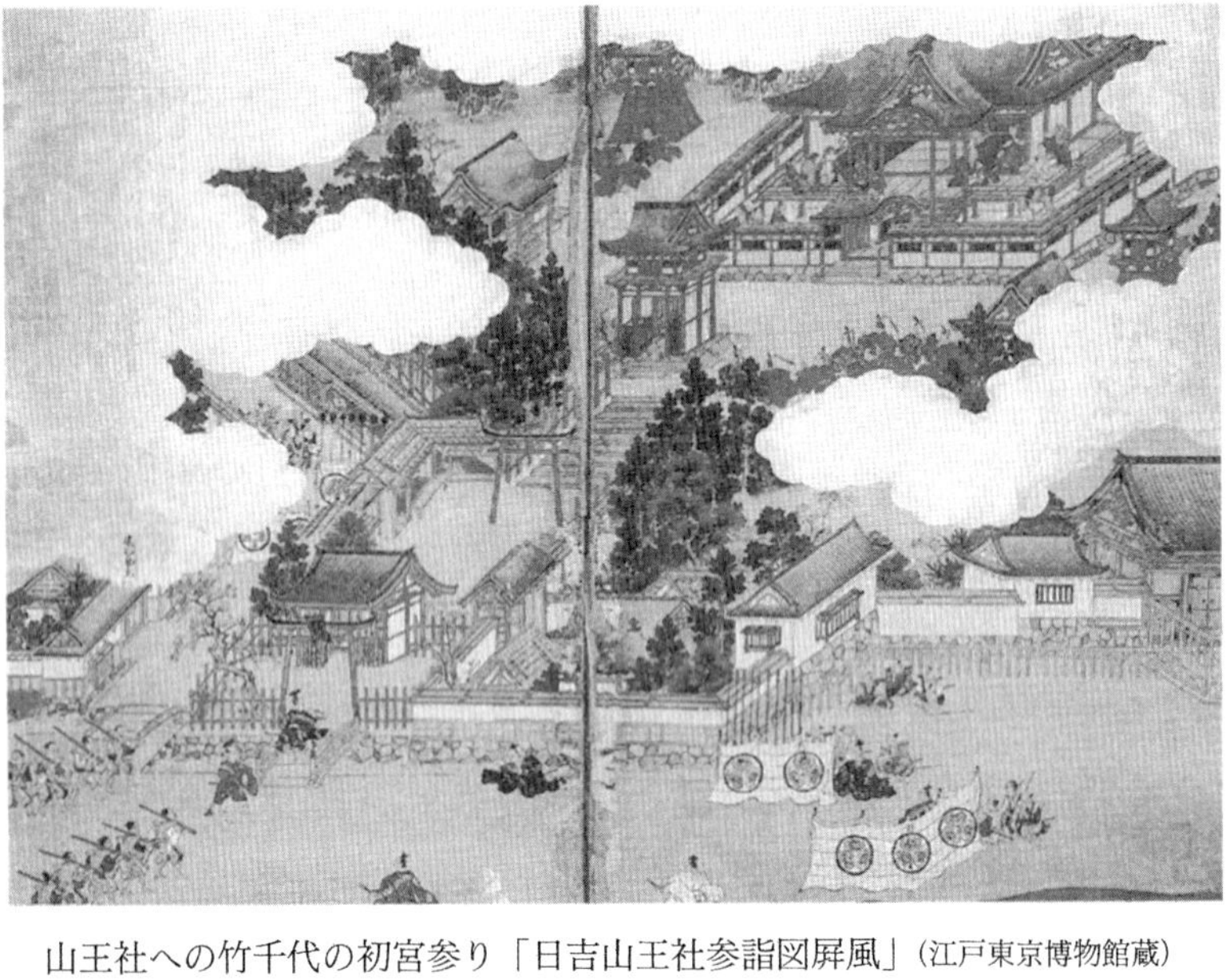

山王社への竹千代の初宮参り「日吉山王社参詣図屏風」（江戸東京博物館蔵）

ものであった。若君お抱き役は、坂部左右衛門正重で齢《よわい》八十歳という老人であった。尾紀水三卿、三世子は、紅葉山より山王社へ前もって参着し出迎えたという。山王社別当は西教院晃海《こうかい》、神主は日吉右近進であった。

図中の日吉山王社殿には天海らしき人物の姿がみえる。この行列を将軍家光は二の丸多《た》聞櫓《もんやぐら》で見物したという。竹千代の当日の様子は「終日御心地よげにわたらせ給ひ、山王にて神楽《かぐら》の間昼寝し給ひ、御目覚て国持ち大名等拝謁せしときよく笑はせ給ひ、御けしきこと更うるはし」かったという。

このあと一行は、老臣の井伊《いい》掃部頭直孝《かもんのかみなおたか》邸へ立ち寄ったというが、その井伊邸は寛永九年（一六三二）に加藤肥後守忠広邸の跡地を拝領してから十年後の屋敷であった。江戸時代前期の日吉山王社の有り様を伝える資料は希少であり、その面でも貴重な作品である。

「江戸天下祭図屏風」

最近報告された「江戸天下祭図屏風」紙本金地著色六曲一双、これは「江戸日吉山王社祭礼図屏風」という名称の方が歴史的に適当であると考えるが、すでに『國華』第一二三七号で研究報告されたときに、このようなセンセーショナルな名称となった。この屏風は、すでに戦前に京都の本圀寺《ほんこくじ》蔵「山王祭屏風」として『麴町区史』にモノクロの写真版が掲載され知られていた作品であったが、そ

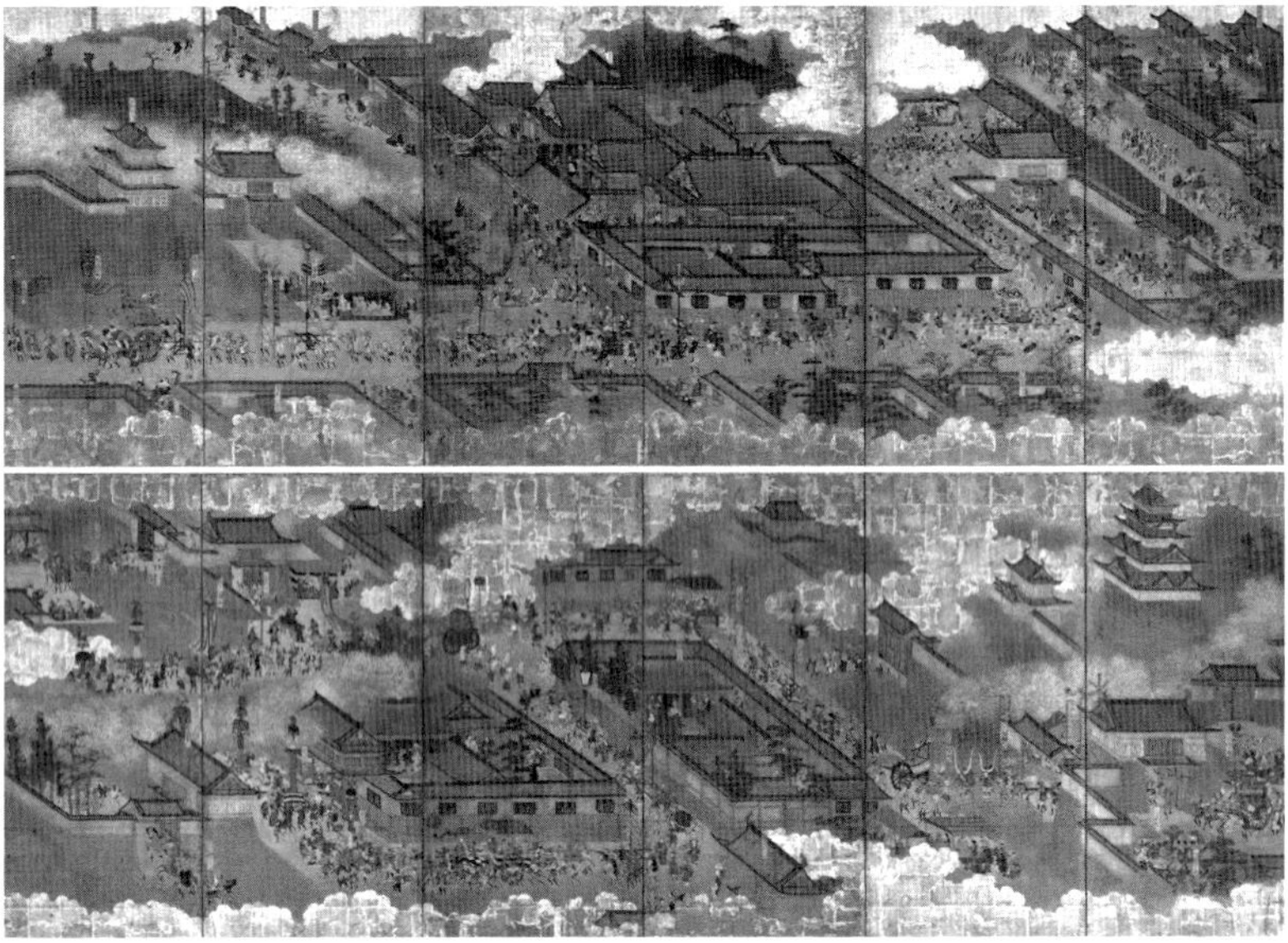

「江戸天下祭図屏風」

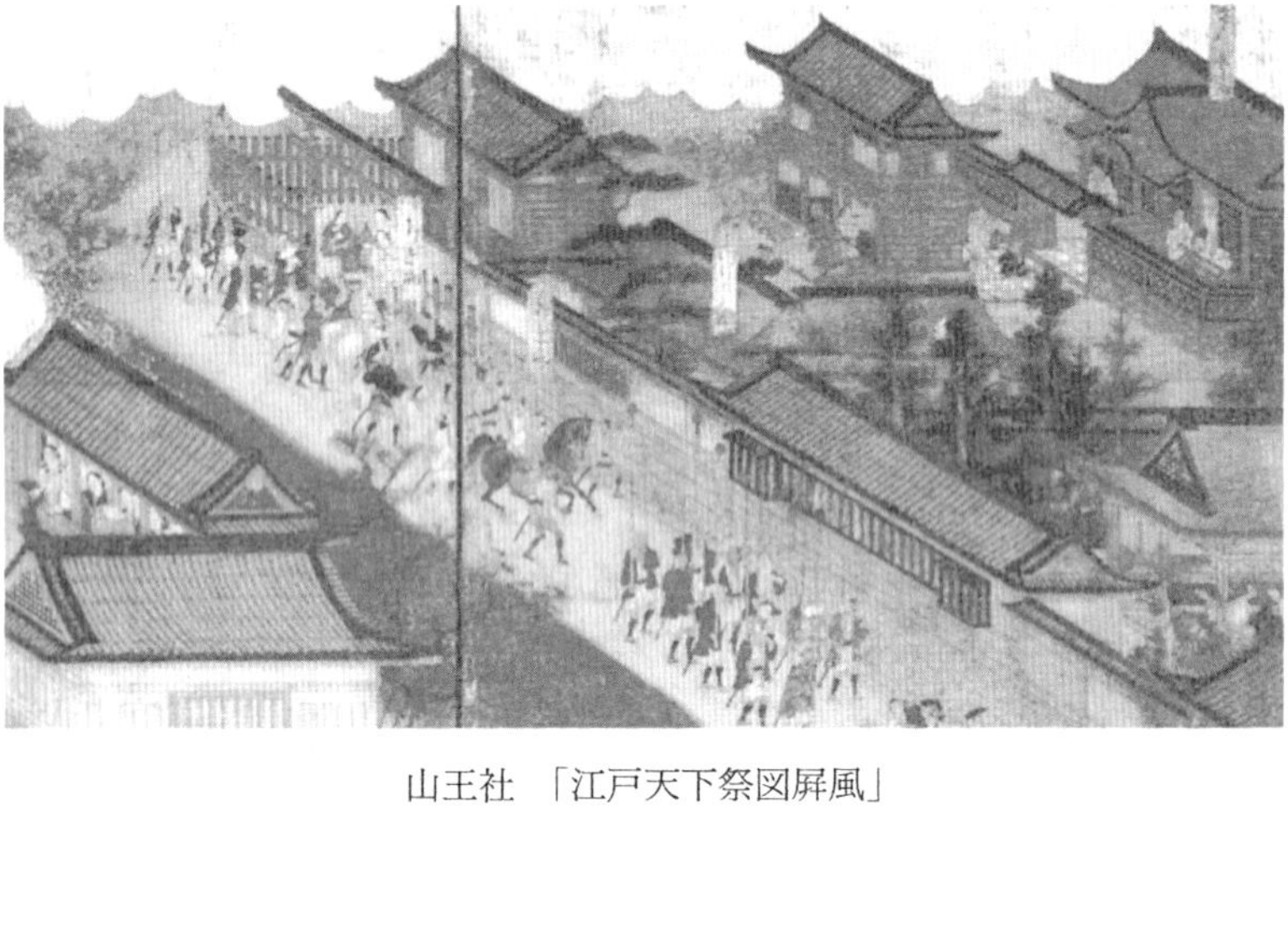

山王社　「江戸天下祭図屏風」

の後所在不明となっていたものである。

　この屛風絵に江戸の山王社が描かれている。社殿は、本来権現造《ごんげんづくり》（八棟造）であったはずであるが、後ろの方は欠けているように見え、またちょうどフレームで切れてしまっているような感じである。右隻の中心を占めるのは、紀州徳川家の屋敷であり、数少ない江戸前期の日吉山王社の図として貴重である。

　江戸城天守閣を挿図的に描いたこの「江戸天下祭図」は、紀伊徳川家を右隻の中心に据えながら、将軍も櫓から見たという江戸城内を巡行する日吉山王社の祭礼行列を克明に描いている。

道中図巻に見る江戸図

ケンペル所持の道中図巻

さて、元禄三年（一六九〇）に来日したドイツの医学者ケンペルの持って帰った道中図巻がある。これはイギリスの大英図書館に「諸国海陸安見絵図（仮題）」墨摺二巻として現存する。他に同じ版木による山本光正氏蔵の「東海道駅路図・西海道船路図巻」墨摺手彩色二巻がある。この摺物二巻仕立ての「東海道・西海道」の道中図巻は、江戸から京都までと、京都から長崎までの道中の必要な場所を、絵として表現をしたものである。

この図巻では、駒形堂から「金竜山（聖天）」へ行く道は、隅田川のほとりに描かれている。それに対して、浅草の観音堂へ行く道は、それより東側にあるというように描かれ

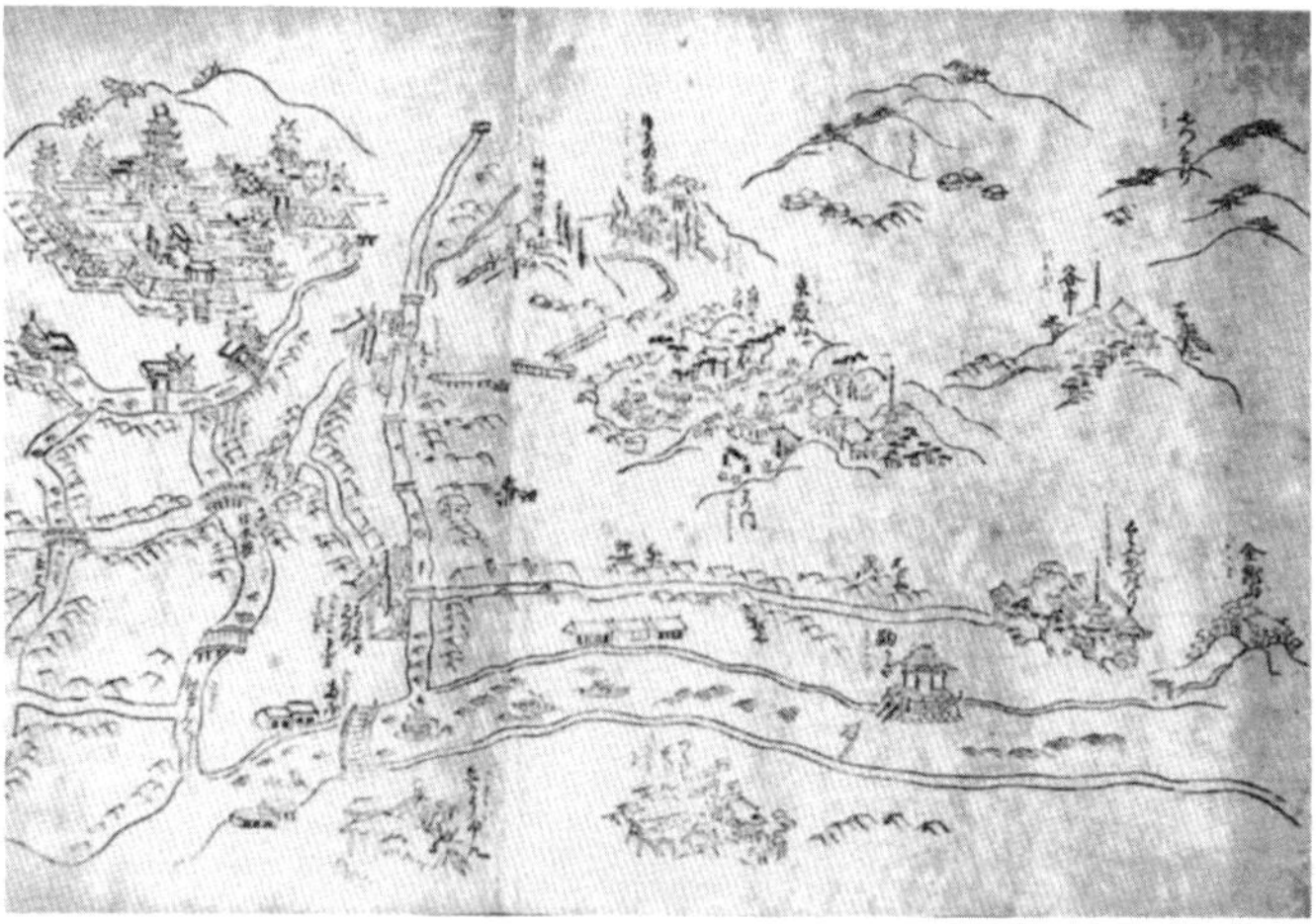

ケンペルが持ち帰った道中図巻「諸国海陸安見絵図」(大英図書館蔵)

ている。そして東叡山《とうえいざん》や不忍池《しのばずのいけ》が、ランドマーク的に絵画化されて重要な名勝地として地図の上に落とされている。日本橋・京橋などの橋や河川、それから船で渡る駒形堂の渡し場などが描かれ、重要なランドマークとなっている。東叡山寛永寺の場合、たとえば露座の大仏、黒門、同じ形の常行堂と法華堂を繋いだにない堂も絵画として描かれていて、いわば絵図化された道中図となっている。

この図巻は、十七世紀後半の、江戸から長崎までの道中を絵図化して描いた貴重な摺本であり、こうした絵図の象徴化された江戸の名所地が、簡略ではありながら図像として典型化していった様子がうかがえる。

鍬形蕙斎と「江戸一目図」

鍬形蕙斎紹真（北尾政美）

さて、都市図の第二のタイプの代表作「江戸一目図」と、この新しい都市図を創案した絵師、鍬形蕙斎紹真《くわがたけいさいつぐざね》（浮世絵師・北尾政美）について述べよう。

『浮世絵類考』

浮世絵師の人物伝ともいうべき『浮世絵類考』に、鍬形蕙斎は北尾《きたお》派の浮世絵師「政美《まさよし》」として載る。『浮世絵類考』は、寛政元年（一七八九）ころに大田蜀山人《しょくさんじん》（南畝《なんぽ》）が原選したものとされるが、その原本は不明である。

大田蜀山人は、鍬形蕙斎（北尾政美）が描いた「近世職人尽絵詞《きんせいしょくにんづくしえことば》」（東京国立博物館蔵）の詞書《ことばがき》の筆を山東京伝《さんとうきょうでん》らとともに執り、また蕙斎筆「柳下男女図」（日本浮世絵博物館蔵）の賛を書くなど、絵師蕙斎ともたいへん近い関係の人物である。また板本『心機一掃』（文化十一年〔一八一四〕、永楽屋板）などの序文を書くなど、出版活動においても蕙斎との関係が深い。

享和二年（一八〇二）に山東京伝が、『浮世絵類考』に追考を加えている。戯作者《げさくしゃ》の山東京伝は、北尾重政門下で北尾政演《まさのぶ》の名で浮世絵を描いており、自画自作の黄表紙も多く手がけた。また政美画の黄表紙『吉野屋酒楽《しゅらく》』（天明八年〔一七八八〕、蔦屋板）をはじめ、『艶哉女僊人《えんなるかなおんなせんにん》』（寛政元年〔一七八九〕、鶴屋板）、『奇事中洲話《きじもなかずわ》』（寛政元年、蔦屋板）などの本文を書いており、また政美の肉筆画にも賛を書いたりしている。京伝（政演）は、政美と窪俊満《くぼしゅんまん》とともに北尾重政《しげまさ》門下の三俊才としてその交遊は深かった。

それに加えて弘化元年（一八四四）には、斎藤月岑《げっしん》が『浮世絵類考』に増補を加え、『増補浮世絵類考』を上梓《じょうし》した。こうした蜀山人、京伝、それに月岑という、政美（蕙斎）と深く親交を結んだ江戸の文化人たちのかかわった『浮世絵類考』に所載される「政美」の記事を見てみよう。彼らと同時代人であった北尾政美の記述は、はなはだ信憑《しんぴょう》性が高いといえる。

政美　重政子　【曳】浜町へついがし

俗名三次郎

杉皐、後蕙斎と号。落髪して浮世絵をやめ一種の画をなす。

【増】北尾政美（重政門弟、文化中没す）（居初小網町、後住吉町裏川岸、後お玉が池に住す）鍬形氏、号杉翠（皐）、後号蕙斎紹真と改、政美近世の名人なり。狩野家の筆意を【新】学び、又光琳《こうりん》或は芳中《ほうちゅう》が画法を慕ひ、略画式の工夫世に行れて【増】一家をなす【只誠本】若き頃切くみ灯籠あまた画けり。吉原の俄《にわか》の図、葛西太郎庭中の処、芝居の灯籠などありし。

【新】児輩の玩ぶ組上灯籠は、元大坂のものなりし。夫故《それゆえ》はじめは京の生洲、大坂の天満祭の図抔《など》を重板せり。寛政、享和の頃政美多く画けり。又北斎も続て画けり。文化に至り、歌川国長、同豊久、此技《このわざ》に工夫をこらし、数多く画き出せり。名所真景《しんけい》の図を写すに工みなりしが、京の横華山が花洛一覧図にならひて【増】東都の画図を委《くわ》敷《しく》一と眼に見るやう、かくことを工風《くふう》して、大に世人にもてはやさる。神田明神に其江戸画図の額を奉納せり。諸職の為に画手本《えでほん》となるべき物をあまた画けり。近年絵手本は多く此人の筆なり。是より世に薄彩色摺の画手本大に流行す。一時の聞人なり。

【故】政美青本を画くことは寛政八年に止む。

【増】略画式（人物鳥獣山水花鳥草木六冊）

略画苑
【新】草花略画式　【故】一冊
蕙斎麁画
魚貝略画式
絵本咲分勇者　二冊
同大江山　二冊
同曾我物語　二冊
同武隈松　三冊
尊氏勲功記　五冊
俳家奇人談　竹内玄々　一編
【故】江戸名所東鑑　三冊
東海道名所図会
教訓鄙都言種　前二冊
【増】諸職雛形絵手本（此外刻本多くあり）
後、松平越前侯の藩中に在て、板行発市の絵を止め鍬形紹真と改め落髪す。

【新】文政七年三月廿一日没す。

【増】実子は赤子と呼ぶ。【只誠本】今猶越前侯の藩中たり。門人に美丸といふものありしが、故ありて政美の師重政が名跡を継がしむ。但画風は大ひに異りて、豊国が流なり。名を相続して反て絶るにしかず（【無】おとれり）。

（仲田勝之助編校『浮世絵類考』〔岩波文庫〕による）

注記の記号は、【曳】文化十二年の写しの曳尾庵本、【増】弘化元年刊の斎藤月岑増補『増補浮世絵類考』、【無】天保四年刊の無名翁（渓斎英泉）の『無名翁随筆』、【新】慶応四年刊の竜田舎秋錦の『新増補浮世絵類考』、【故】鈴木南陵蔵の故法室本、【只誠本】関根只誠蔵本をそれぞれ示す。

たった三行の最初の箇所が、『浮世絵類考』の原体裁であったと思われる。これによれば、政美は北尾重政の「子」となっているが、この子は「弟子」の意味であろう。曳尾庵本では、「浜町のへっつい（竈）河岸」に住んでいたという。俗名は、「三次郎」とあり、後述する津山松平藩の抱え絵師として登用された時の記録とも一致する。

別号は、「杉皐」とあり、「さんこう」と呼んだ。この「さんこう」の音は、政美がもとは畳屋の倅《せがれ》であったといい、「三次郎」を縮めて「畳屋の三公」と呼ばれたことから付けられたという伝えがある。そして、「さん」の音に「杉」の字を宛てたことは、杉森新道に住んだこともあることからとも考えられよう。「皐」の字は、「皋」が本字で、沢や河岸などの水辺を示す字である。

「落髪して浮世絵をやめ」というのは、寛政六年（一七九四）に津山藩松平家の御用絵師となり、坊主頭となったことを示す。そして、浮世絵の画姓「北尾」を「鍬形」と改め、また狩野家に入門して、結果浮世絵を絶ったということである。しかし、浮世絵を止めることは実際にはすぐではなかった。この寛政六年以降は、寛政の改革などの影響もあって黄表紙の挿絵などは描かなくなるが、江戸のさまざま版本や肉筆浮世絵や風俗画は描いていた。政美が「青本を画くことは寛政八年に止む」とあるのは、こうした事情を物語っているものと思われる。『増補浮世絵類考』で、松平越後侯に仕えてから「板行発市の絵を止め」とあるのも、これに関連する記事である。

「一種の画をなす」という評は、いわば鳥瞰図法や、略画式、あるいは淡彩描写などの当時としては独特の画法や画風を、蕙斎（政美）がなしていたことを示している。

『古画備考』　狩野派の編纂した画人伝として名高い『古画備考《こがびこう》』には、「浮世絵師伝」の中に「北尾政美」の名で一項目が設けられている。『古画備考』は、幕末に奥絵師木挽町《こびきちょう》狩野家の伊川院栄信《いせんいんながのぶ》の次男として生まれ、朝岡家の養嗣子となり、その後幕府御絵番掛となった朝岡興禎《あさおかおきさだ》（一八〇一〜一八五六）が編輯したもので、それを明治三十七年（一九〇四）に太田謹が増補訂正版を刊行し、流布した。ちなみに興禎の兄は、弘化年中の江戸城中襖絵縮図で有名な晴川院養信《せいせんいんおさのぶ》である。

政美の項の記述では、斎藤月岑の著した『武江年表』や、補訂した『浮世絵類考』、また江川坦庵《たんあん》（太郎左衛門、一八〇一〜一八五五）の談話を参考にしている。この政美の項を、次に掲げる。

北尾政美、俗称三次郎、北尾重政門人、後蕙斎号。落髪して、浮世絵をやめ、一種の古画を学、改名鍬形紹真。文政七年三月廿一日卒。

○始は一枚画、草双紙の類、多く画けり。略画式を著して世に行れ、又京の黄華山《（横）》が花洛一覧の図にならひて、江戸一覧の図を工夫し梓に上せ、神田の社へも江戸図の額をさゝげたり。其男を赤子といふ。（武江年表）

○政美、越後人、杉森新道、たゝみや三次郎。（江川氏話）

○両国橋画、蜀山人賛。（狂詩狂歌）

（「北尾三二郎政美筆」の署名と「花木政美」の朱字楷書の印形が載る）

（『古画備考』〈思文閣〉による）

これによれば「江川氏話」として、政美は「越後人、」とあるが、おそらく津山藩主松平越後守康哉《やすちか》に仕えたことから、藩主の受領名「越後守」を間違って記したのではないかと思われる。

編者が見たと思われる蜀山人《しょくさんじん》（大田南畝《なんぽ》）賛「両国橋図」に、「北尾三二郎政美筆」の署名や「花木政美」の印章があることも興味深い。「花木」は「北尾」の篆刻《てんこく》字の読み間違いとも考えられるが、朱字楷書の注記があるので断定はできない。政美の印章で「花木」印は未見であり、この「両国橋図」も、今のところ所在不明である。なお、両国橋を画題とした現存作品には、扇面画の「両国橋納涼図」一面（太田記念美術館蔵）がある。

略画・真景　『浮世絵類考』や『古画備考』には、蕙斎（政美）の画体をよく示す記述が多い。たとえば「略画式の工夫」をしてこれが「世に行れ」たという記事である。諸職のために「画手本」となる画を多く描き、このころの画手本は蕙斎の手になるものがほとんどであるということ。それが「薄彩色摺」りの画手本であったことなど。これらは、すべて蕙斎の画の特色を明示している。そして、これらの版本の作例が所載されているのである。

それに、「名所真景の図を写す」ことに長《た》けていて、京都の横山華山の「花洛一覧図」に倣《なら》って、「東都の画図」を詳しく「一と眼に見る」ように描くことを工夫して、大いに世にもてはやされたとある。これは「江戸一目図屏風」や、その原図・縮図ともいえる一枚摺りの「江戸名所之絵」、それに「江戸一覧図」（日本浮世絵博物館蔵）などの肉筆画が、大いにヒットしたことを意味している。

さて、神田明神にその「江戸図画の額を奉納」したという記事がつづくが、残念ながらこの図は現在不明である。江戸の度重なる大火で焼失したものと思われる。驚くべきことに、蕙斎は日本列島を俯瞰的に描いた摺物の「日本名所之絵」も、この画法の延長として描いている。

また、壮年期（寛政・享和期）には子供の玩《もてあそ》ぶ「切くみ灯籠《とうろう》」（組上灯籠）の絵をたくさん描いたという。そのなかには、「吉原の俄《にわか》の図」や「葛西太郎庭中の処」などのような芝居の絵なども多くあったという。このことは、蕙斎の作画範囲や、画法を追究するうえで重要な意味を持つのである。

生年と出自

北尾政美は、その名を三二郎、あるいは三治郎、三次郎、三二などと称した。三二郎はいつ生まれたのであろうか。生年を推定する資料として、三

上野・浅草・隅田川・吾妻橋・向島　「江戸一目図屛風」（津山郷土博物館蔵）

点挙げられる。

その第一の資料は、当時板本挿絵作家として著名な北尾重政の下でデビューした三二郎の、最初の仕事とされる安永七年（一七七八）刊行の黄表紙仕立ての絵入り咄本《はなしぼん》『小鍋《こなべ》立《たて》』（村田屋板）の巻末署名に「北尾重政門人三治郎十五歳画」とある。数え年で逆算すると、その生年は明和元年（一七六四）となる。この『小鍋立』巻末署名の紹介は、田中達也によってなされた（「北尾政美Ⅰ~Ⅳ」『麻生美術館だより』一九~二二）。

第二は、津山松平藩文書の『新参御取立　壱』にある記事で、文政三年（一八二〇）四月十一日に、蕙斎が五十七歳となって老齢のため、また実子がないことから跡継ぎの問題が起こり、妻の甥に当たる脇坂中務太輔の家来、今井伊助の二男万吉（二十一歳）という者を養子にしたいとの申し出を行い、そのことが許されている記事である。この文政三年に五十七歳であったということから数え年で逆算すると、これも生年は明和元年となる。

第三の資料は、星野朝陽が「鍬形紹真と其筆『桜下舞姫図』」（『浮世絵芸術』第三号）で、どのような原典に基づいて書いたのか不明ではあるが、蕙斎の没年に関して述べている箇所に「同（文政）七年三月二十二日病死す、年六十一」とある記事である。文政七年（一八二四）に、六十一歳であるとすると、これも逆算すると生年は明和元年となるのである。

以上三点の資料から、北尾政美（鍬形蕙斎紹真）は明和元年生まれということになる。

しかし、近年宮尾與男により、この明和元年生年説と政美の処女作年次に対し疑問が提出された。その根拠は、政美の最初の版本挿絵である『小鍋立』の刊行年次と、巻末署名「北尾重政門人三治郎十五歳画」に対する異論である。夕霧軒文庫本『小鍋立』と大東急記念文庫本の比較によれば、大東急記念文庫本は取り合わせ本であり、しかも『小鍋立』は安永七年の風来山人『乗合船』から抜いて政美が挿絵をつけて翌八年の刊行としたものという。『小鍋立』の刊行年次は安永七年より下り、したがって「十五歳」という年齢に疑問があるというのである。だが、没年次からの計算でも明和元年生れとなるので、この疑問はどうであろうか。宮尾は、政美が安永七年に描いたので「十五歳画」でもよいとしているが。

さて、政美の出自についてはどうであろう。それは、先述の星野論文の冒頭に詳しく書かれている。

紹真、本姓は赤羽、初名は三二郎（或は修して三二）。父義珍（本姓田中氏、法名覚音成等信士、駿州興津町の人）江戸に出て、畳屋赤羽源左衛門（法名空徹浄翁信士、野州猿子村生）の養子となり、其姓と業とを襲ぐ。故を以て人往々紹真が画家に出身せしを妬み、旧に依り畳屋の三公と呼びしも、洒脱なる彼は之を忌避せず、之を其住宅の杉森新道稲荷祠畔に在りしに輻合して、却て自ら杉皐の雅号を附せり。

津山藩の記録ではうかがい知ることのできない記事が、ここには見られる。すなわち、父は田中義珍といい駿河国興津《おきつ》（静岡県興津市）の人であったが、江戸に出て江戸の畳屋の赤羽源左衛門という者の養子になったという。この赤羽氏は、上野《こうずけ》国の猿子村の出身であったという。したがって、畳屋の赤羽義珍の子として三二郎は江戸に生まれたというわけである。そして、北尾派の旗手として黄表紙にその画才を発揮し、また津山藩御用絵師として破格の登用となった政美は、その出世を妬《ねた》んだ者たちから元々の出身を冠した「畳屋の三公」という名で呼ばれたが、彼はその呼称をも厭《いと》わなかったという。

赤羽姓と号「羽赤」

この「赤羽」姓については、その文字を逆転した「羽赤」という号を名乗ったことに関して、津山藩の記録に文化九年（一八一二）に「羽赤」と改号したことが載せられており、また「鍬形羽赤」（『新参御取立　壱』）という号を用いていることから、「政美」「蕙斎」「紹真」の号のほかに「羽赤」という号をもっていたことがわかる。しかし、実際に「羽赤」という署名・落款《らっかん》をした画は、今のところ報告されていない。

なお、この「羽赤」の号に関して、星野論文の中に興味深い記事がある。それは、「晩に羽赤と号す、蓋《けだ》し初姓赤羽の文字を顚用せるなり」という一文で、父の養子入り先の畳屋の姓「赤羽」の文字を顚倒させて使用したということである。しかし、津山松平藩でどういう意図によって「蕙斎」という号を「羽赤」へと改号する必要があったのか、ということについては定かでない。

いずれにしろ、江戸の畳屋赤羽源左衛門の養子義珍の子三二郎（三治郎）は、浮世絵師北尾重政の門に入り、十五歳の時の安永七年（一七七八）に板本挿絵を描いて以来、三〇〇部ほどの板本挿絵を描き、また肉筆画も屛風絵・絵巻・掛け軸絵など五〇点近くの現存作品を残し、錦絵や摺物あるいは絵半切などの一枚摺も田中達也によれば一五〇点以上も描いた作画活動を展開するのである。

没年

政美の没年を『新増補浮世絵類考』や『古画備考』では「文政七年三月廿一日」とするが、この日付に関しては星野論文や、津山藩松平家の記録では「三月二十二日」となっており、公式記録では二十二日が正しいのであろう。また、月岑の『増補浮世絵類考』では実子（実は養子である）の名が「赤子」と載るのも、この間の事情をよく知ってのものか。

なお、「後松平越前侯の藩中に在て」とか「今猶越前侯の藩中たり」とある「越前侯」は、政美の抱え主美作国津山藩松平家のことを示しているのであるが、津山松平家は代々「越後守」を名乗ったが、その出自は越前松平家であったため、取り違えたものと推察される。

また、政美の住まいに関する情報もある。はじめは「小網町」に、そして「住吉町の裏川岸（竈河岸《へっついがし》）」へ、のちに「お玉が池」に住まいしたことが、斎藤月岑の増補で記されていることから、この居住地の記述は信憑性が高いといえよう。いずれにしろ、当時の出版界から比較的近い所に住まいしていたのである。

蕙斎の没後

北尾政美こと鍬形蕙斎紹真《つぐざね》は、文政七年三月二十二日に江戸で没した。田中達也によれば、「菩提寺密蔵院の過去帳は、関東大震災で万延年間以降を残して焼失した。墓石が残るだけである。蕙斎の子孫は、埼玉県内に二家現存するが、蕙斎関係の絵画・文書類は昭和八、九年頃散佚し、一家に蕙斎筆として、太田錦城賛『大喰之図』（絹本著色）・墨絵自画像、他家に『遊女図』紙本淡彩・墨絵小品一点がそれぞれ遺存するにすぎない」（「文雅の画派、北尾派」『肉筆浮世絵第五巻』集英社）としていることから、大正十二年の関東大震災以前には密蔵院の鍬形家の「過去帳」が存在したことや、昭和八、九年以前には子孫の家に文書が存在していたという。

ちなみに、星野論文の興味深い部分を挙げておこう。

「浅草新寺町土富店勝軍山蓮華寺（今浅草区永住町十七番地、古義真言宗密蔵院）に葬る、釈諡して『彩淡蕙斎居士』といふ」

「万吉赤子と改名し紹意を称す、紹真の一字を採れるなり。箕裘《ききゅう》を継ぎ亦《また》画を能《よ》くし、殊《こと》に米艦所載の器具雑貨を写生し其精密を極む」

「其子金次郎尚ほ幼なり、因りて狩野勝川院雅信の高弟蕙林（名勝永。初名は福島真太郎、武州榛沢郡永田村生）入りて家を嗣ぐ、彼も亦狩野芳崖特に橋本雅邦と同窓にて親交あり、其主松平確堂侯の楽翁公の集古十種の後を承けて其肖像部（二冊既刊）を編せらるゝや、彼其任に当り之を描き家声を墜さざりき。惜む可し酷《はなは》だ酒を嗜《たしな》み老齢頽然自放、その同窓の晩年玉成大名を揚げしに似ざりしを」

「此一門の遺骨は市内墓地撤廃のため明治四十三年に府下豊多摩郡野方村大字下沼袋の同寺新墓域に改葬せり」

浮世絵師としてのデビュー

浮世絵師北尾政美

さて、浮世絵師としての北尾政美《まさよし》の作画活動をすこし眺めてみよう。北尾政演《まさのぶ》（戯作名、山東京伝《さんとうきょうでん》）や窪俊満《くぼしゅんまん》とともに、重政《しげまさ》の門人の北尾派三羽ガラスとも評された政美は、数多くの作品を手がけた。当時板本挿絵作家として著名な北尾重政のもとでデビューした三二郎の最初の仕事は、安永七年（一七七八）刊行の黄表紙仕立ての絵入り咄本『小鍋立《こなべたて》』の挿絵である。その巻末署名に「北尾重政門人三治郎十五歳画」とある。

しかし、役者絵研究の第一人者岩田秀行によれば、大方の浮世絵師の初作は、役者絵を描かされ、その売れ行きによって門人として活動を許されたとする。この岩田説によれば、北尾重政の門人三治郎も、最初は細判《ほそばん》の役者絵を手がけたのかもしれない。岩田によれば、政美の役者絵の初期の作としては、安永九年（一七八〇）の正月に市村座での狂言「梅暦曙曾我」に取材したキューーネ氏旧蔵の細判「いかづちつる介　松本幸四郎」（岩田秀行氏蔵）があるという。黄表紙挿絵や、名所絵・諸職風俗画に多くの作品を手がけた政美も、「浮絵忠臣蔵」大判錦絵十二枚揃いも、こうした役者絵にも手を染めていた。

北尾政美画「いかつちつる介　松本幸四郎」安永9年
（岩田秀行氏蔵）

北尾重政入門と画号「政美」

さて、板本でいえば、安永七年（一七七八）に黄表紙絵仕立ての絵入り咄本『小鍋立』二巻一冊の挿絵を弱冠十五歳で描いて以来、その翌々年の安永九年には、米山鼎峨《よねやまていが》（文渓堂）著の『十二支鼠桃太郎』三巻三冊と木雞著の『山主我独《やまのぬしわれひとり》』二巻二冊を岩戸屋から、南陀伽紫蘭（窪田春満・浮世絵師の窪俊満）著の『空音本調子《そらねのほんちょうし》』三巻三冊を西村屋から、同じ春満の著『竜宮巻』三巻三冊を松村屋から、また著者不明の『桃太郎宝噺』三巻三冊を村田屋から「北尾門人三二郎」の名前で、五部の黄表紙の挿絵を描き刊行しているのである。

その翌年の天明元年（一七八一）には、伊庭可笑著の『夢想大黒銀』（岩戸屋板）に「北尾門人」とあるほかは、同じ可笑著の『初夢宝山吹』（岩戸屋板）や南陀伽紫蘭著の『出見世吉原』（松村屋板）、芝全交著の『烟競蕎麦屋真木《けぶりくらべそばやのまき》』（鶴屋板）、そして『縁組連理鯰《えんぐみれんりのなまず》』『菊寿盃《きくじゅのさかづき》』『桃太郎一代記』（ともに村田屋板）や『山本喜内てんぐ噺』（鶴屋板）などの七冊の黄表紙挿絵には「北尾政美」とあることから、天明元年の早いころに北尾重政門人として本名の「三二郎」から、師匠の「重政」の一字「政」を付けた「政美」の画号を貰い、また北尾姓を名乗ることが許されたものと思われる。

以来、天明五年（一七八五）刊の『江都《えど》名所図会』に「北尾蕙斎政美」と、「蕙斎」の号を挟んで用いる以前には、版本にはすべて「北尾政美」の号を用い、肉筆画でも天明五年までは「北尾政美」か「北尾三二郎政美」の署名となっている。

「蕙斎」の号

従来は「蕙斎」の号は、寛政六年（一七九四）に津山藩の抱え絵師となって以降に用いたように考えられていたが、それよりも一〇年も前にこの号の使用が認められる。板本には後摺り板や改刻板も多く、「蕙斎」の号の入っているのはその後摺りの改刻板ではないかということを考慮に入れねばならないが、この『江都名所図会』にもそういうものがあるが、初摺本と見なしてよい八木家蔵本や三井文庫本に、確かに「北尾蕙斎政美」とあるのである。

また、天明七年（一七八七）の南杣《なんせん》笑楚《しょうそ》満《ま》人著の黄表紙『源平軍物語』（和泉屋板）や万象亭（森島中良）序文の『絵本都の錦』（吉野屋・前川六左衛門ほか板）、寛政元年（一七八九）の関盈文《せきみつふみ》撰の『（海舶）来禽図彙』（松本善兵衛板）、寛政二年の万象亭著の『絵本武隈松』（和泉屋板）、寛政五年の無名子《むめいし》（曲亭馬琴）著の黄表紙『登阪宝山道』『伊賀越乗掛合羽』（ともに鶴屋板）や滝水子著の『絵本将門一代記』（鶴屋板）にも、寛政六年以前の刊行にもかかわらず「北尾蕙斎政美」とか「蕙斎政美」の署名がある。

こうしてみると「蕙斎」の号は、八部と数こそ少ないけれども寛政六年以前に使用が認められ、またこのことは師の重政が「紅翠斎」と号し、また同門の政演（山東京伝）が「湊斎《せいさい》」と号したことにも関係があると推察される。おそらく、雅号として付けたものであろう。重政が「くれない（紅）・みどり（翠）」の意味、すなわち画を描くことをあらわす「丹緑《たんろく》」に通じる号であり、政演が「草の茂るさま（湊）」と政美が「かおりぐさ（蕙）」というように相弟子がともに「草」に通じる号を付けているのである。

「蕙」は、蘭の一種であり、諸橋轍次編『大漢和辞典』の「蕙」の項には「蕙斎居士」として「宋の人、胡夫人。平江の胡元功の女。呉江の黄由の妻。書・画・詩文に長ず（『長洲志』）」とあり、この「蕙斎居士」から採ったものか不明であるが、北尾政美が薫りかぐわしい佳人であり書画・詩文に長けていた人物に見立てられたのかも知れない。

板本挿絵の制作

さて、北尾政美が挿画を描いた板本の年次順の一覧表（表1）を掲げた。それによれば、安永九年（一七八〇）から天明期（一七八一〜一七八八）、そして寛政六年（一七九四）ころまでに板本挿画の作画期が集中していることがわかる。とくに天明元年〜寛政三年（一七八一〜一七九一）の時期には、毎年一〇部以上の板本挿画を制作しており、天明三年には二五部、天明四年には二二部、天明六年には二四部というように、まさに天明期から寛政前期の黄表紙全盛期にたくさんの黄表紙挿絵の作

和暦	西暦	数
安永7	1778	1
安永8	1779	—
安永9	1780	5
天明1	1781	10
天明2	1782	13
天明3	1783	25
天明4	1784	22
天明5	1785	15
天明6	1786	24
天明7	1787	15
天明8	1788	12
寛政1	1789	19
寛政2	1790	13
寛政3	1791	16
寛政4	1792	8
寛政5	1793	9
寛政6	1794	11
寛政7	1795	5
寛政8	1796	5
寛政9	1797	4
寛政10	1798	2
寛政11	1799	1
寛政12	1800	6
享和1	1801	8
享和2	1802	2
享和3	1803	2
文化1	1804	—
文化2	1805	—
文化3	1806	1
文化4	1807	—
文化5	1808	4
文化6	1809	—
文化7	1810	—
文化8	1811	—
文化9	1812	1
文化10	1813	6
文化11	1814	1
文化12	1815	1
文化13	1816	1
文化14	1817	—
文政1	1818	2
文政2	1819	—
文政3	1820	1
文政4	1821	—
文政5	1822	1
文政6	1823	2
文政7	1824	1
文政8	1825	1
天保10	1839	1
嘉永4	1851	1

表1　北尾政美の板本挿絵刊行数一覧（刊行年次不明は含まず）

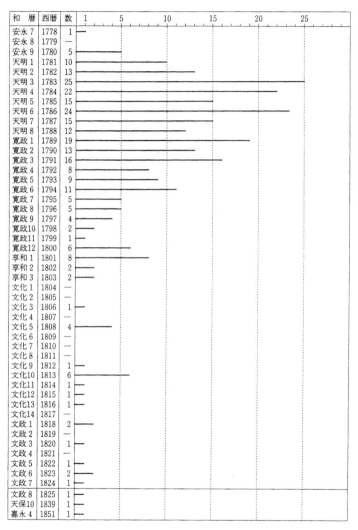

家として活躍している。

黄表紙と寛政の出版取締令

これらの黄表紙の中には、かの老中松平定信の行った寛政の改革による出版取締りの対象となった寛政元年（一七八九）刊の寿亭主人（恋川）春町《はるまち》著の『鸚鵡返文武二道《おうむがえしぶんぶのふたみち》』がある。『鸚鵡返文武二道』は、寛政の改革を風刺したかどで版元の蔦屋《つたや》重三郎が罰せられ、著者の恋川春町は咎めを受けて致仕し、同年七月七日に病死した。これは、松平定信から同年四月に内々で召喚を受けることになっていたため、春町は病気を理由にこれに応じず、このことを気にして病死したとも、自殺したともいわれる。

恋川春町は、紀州国の田辺藩の藩士桑島氏の息で、実名は格といい、駿河国の小島藩の藩士倉橋氏の養子となって、江戸留守居役を勤めていた武家であった。その一方で、狂歌や戯作を好み、狂歌名を酒上不埒《さけのうえのふらち》と称し、また安永四年（一七七五）に自作自画の『金々先生栄花夢』で黄表紙を創始した人物である。

この安永・天明期の黄表紙作家の第一人者であった恋川春町が、朋友の朋誠堂喜三二《ほうせいどうきさんじ》が天明八年（一七八八）に著した黄表紙『文武二道万石通』につられて書いたのが『鸚鵡返文武二道』であった。これが筆禍事件の種となったのである。

朋誠堂喜三二は、出羽国久保田藩の藩士平沢常富《つねまさ》で、やはり江戸留守居役であったが、藩主佐竹侯の内意を受けこの『文武二道万石通』で戯作者としての筆を折ったという。彼も、狂歌に励み狂歌名を手柄岡持《てがらのおかもち》といい、政美とも関係が深かった。しかし、何故か挿画を描いた北尾政美には咎めがなかったようである。

寛政の改革での戯作者・浮世絵師の処分で、戯作者の山東京伝（北尾政演）は洒落本『仕懸文庫』『錦之裏』『娼妓絹籭《しょうぎきぬぶるい》』によって手鎖《てぐさり》五〇日の刑を受け、また春画などで喜多川歌麿も刑を受けたが、これらの新興板元であった蔦屋重三郎は財産半減の処分を受けて大打撃であった。寛政六〜七年（一七九四〜五）の、謎の絵師東洲斎写楽《とうしゅうさいしゃらく》による特異な大首役者絵の上梓は、蔦屋の起死回生策であるという説もあるくらいである。

板元と戯作者

さて、政美の板本活動を板元別に調べたのが（表2）である。これを見ると、政美十五歳での最初の板元村田屋治郎兵衛は、安永七年から寛政元年にかけて二〇部を刊行している。もっとも政美の本を出しているのは、蔦屋であり三九部という多さである。つづいて鶴屋の三三部、西村屋と西宮新六のそれぞれ二五部、そして村田屋という順である。

この一覧表を見ていくと、年次を追って板元が増加していっており、政美が売れっ子の

板元名		村田屋治郎兵衛	岩戸屋喜三郎	西村屋	松村弥兵衛	鶴屋喜右衛門	奥村屋	伊勢屋治助	蔦屋重三郎	山本甚兵衛他	鱗形屋	高津屋伊助	小林茂兵衛彫	西宮新六	和泉屋市兵衛	吉野屋	須原屋市兵衛	榎本屋吉兵衛	前川六左衛門	大和田安右衛門	松本善兵衛	西村屋源六	永楽屋	丁字屋平兵衛	鍬形氏蔵板	福定藤兵衛	文生堂	上総睦堂蔵板	伊勢屋忠右衛門	法華宗門蔵板	京出雲守久次郎	新泉園鷺丸
和暦	西暦																															
安永7	1778	1																														
安永8	1779																															
安永9	1780	1	2	1	1																											
天明1	1781	3	2		1	3	1																									
天明2	1782	5			2	2		2																								
天明3	1783	4	1	3	2	1	2	5	1	1	1																					
天明4	1784	4		3	1	1	4	2	5			1																				
天明5	1785			5		1	3		4				1																			
天明6	1786			4		2	3		12					2																		
天明7	1787			1		2		4	2					2	1	1	1	1	1													
天明8	1788			3		2		2	3					2																		
寛政1	1789	2				3			5					5					2	1	1											
寛政2	1790					2								4	1			1	1	2		1										
寛政3	1791			4		2								2	1		1		2			1										
寛政4	1792					2								5																		
寛政5	1793					5			3											1												
寛政6	1794								2					3	1		1	3				1										
寛政7	1795								1						1		2	1														
寛政8	1796			1													1	1														
寛政9	1797								1								3					1										
寛政10	1798																						1									
寛政11	1799																1															
寛政12	1800					3											2						1	3								
享和1	1801																		4													
享和2	1802																1															
享和3	1803																															
文化1	1804																															
文化2	1805																															
文化3	1806					1																										
文化4	1807																															
文化5	1808																								2							
文化6	1809																															
文化7	1810																															
文化8	1811																															
文化9	1812																															
文化10	1813																1		1			1				1						
文化11	1814																						1									
文化12	1815																															
文化13	1816					1																					1					
文化14	1817																															
文政1	1818																											1	1			
文政2	1819																															
文政3	1820																															
文政4	1821																															
文政5	1822																															
文政6	1823																								1					1		
文政7	1824																														1	
文政8	1825																															1
天保10	1839																						1									
嘉永4	1851																															
合計		20	5	25	7	33	13	15	39	1	1	1	1	25	5	1	14	7	11	4	1	5	4	3	3	1	1	1	1	1	1	1

表2　北尾政美画板本の板元別編年一覧（西村屋は伝兵衛か与八か不明。西宮新六は弥兵衛との関係不明。刊行年次不明は含まず）

挿絵画家となっていく様子が知れる。しかも、江戸の板元の大手である鶴屋、西村屋、和泉屋、須原屋などと深く関係をもっていることは、政美の当時の挿絵作家としての評判を物語るものであろう。

政美の共作者ともいうべき黄表紙の作家は、北尾派同門の政演（山東京伝）や俊満（南陀伽紫蘭）をはじめ、芝全交《しばぜんこう》、伊庭可笑《いばかしょう》、市場通笑《いちばつうしょう》、桜川杜芳《とほう》、四方山人（大田蜀山人）、南杣笑楚《なんせんしょうそ》満人《まひと》、黄山自惚、元杢網《もとのもくあみ》、万象亭《まんぞうてい》（森島中良・竹杖為軽《たけつえのすがる》）、恋川好町（鹿津部真《しかつべのま》顔《がお》）、二本坊の霍志芸《かくしげい》、山東鶏告《けいこう》、樹下石上《じゅげせきじょう》、唐来参和《とうらいさんな》、曲亭馬琴など、そうそうたるメンバーである。

黄表紙類を除いた板本のなかでも、『略画式』『鳥獣略画式』『山水略画式』『蕙斎略画式』『人物略画式』『草花略画式』『魚貝略画式』などの画手本としての略画式類や、淡彩の摺りによるすばらしい作品『竜乃宮津子』など、そして『俳家奇人談』はきわめて政美（蕙斎）の画風の特徴をよく示しているものである。

肉筆画と錦絵

肉筆画

さて、肉筆画ではどのような作品を残したのであろう。鍬形紹真《くわがたつぐさね》としての代表作としては、屏風絵に文化六年（一八〇九）の「江戸一目図屏風《えどひとめずびょうぶ》」六曲一隻（津山郷土博物館蔵）や、文化七年に津山で制作した「徒然草図《つれづれぐさず》屏風」六曲一双（金沢文庫蔵）、文政四年（一八二一）の「隅田川図屏風」八曲一隻（サントリー美術館蔵）がある。

とくに「江戸一目図屏風」は、近世絵画史上における真写主義を実践した俯瞰《ふかん》都市景観図であり、またこの作品は、日本山水図の確立と考えうる作品の十六世紀初頭の景観を描いたとされる雪舟《せっしゅう》筆の「天橋立図」と、伝統的な四季絵と名所絵とを歴史的事象を組み込んで都市景観図を構成した十六世紀中葉の狩野永徳筆と伝える上杉本「洛中洛外図屏風」（米沢市上杉博物館蔵）の、延長線上にたつ重要な作品である。

「文化六年己巳」の款記《かんき》をもった「江戸一目図屏風」は、現状は屏風仕立てとなっているが、田中達也が「もと城内襖絵《ふすまえ》であったらしい」としていることや、襖の把手跡と推察される部分が画面に残ることから、文化七年から八年三月までの津山藩滞在中に津山の鶴山城《かくざんじょう》の城中襖絵か壁貼り付け絵として用いるため、その前年である文化六年中に江戸で制作し、「めくり」の状態で津山へ蕙斎《けいさい》が持参したものと考えてはいかがであろうか。

絵巻や図巻では、文化一〜三年（一八〇四〜六）ころの制作という「近世職人尽絵詞《きんせいしょくにんづくしえことば》」三巻（東京国立博物館蔵）、寛政後期の作とされる「吉原十二時絵巻」一巻（写本が国会図書館蔵）、享和三年（一八〇三）の「東都繁昌図巻」二巻（個人蔵）、文化十年（一八一三）の中村仏庵詞書の「黒髪山縁起絵巻」二巻（寛永寺蔵）、そして「江戸海岸風景図巻」一巻（秋田県立美術館蔵）と「墨田川両岸絵巻」（旧金子家蔵）がある。

「近世職人尽絵詞」

「近世職人尽絵詞」は、田沼政治のあと寛政の改革を推進した老中松平定信《さだのぶ》（隠居後、楽翁と称した）が依頼したという作品で、その詞書《ことばがき》は上巻が四方赤良《よものあから》（幕吏の大田覃）、中巻が朋誠堂喜三二（出羽国秋田藩士の平沢常富）、下巻は山東京伝（岩瀬醒《さむる》）という当時評判の戯作者・狂歌詠みが担当した。また、その絵巻を楽翁邸で見た平戸藩主の松浦静山《まつらせいざん》の書き記す『甲子夜話《かっしやわ》』によれば、古き昔の職人尽を写したものでなく、近世つまりこの時代の風俗をそのまま描いたものという特質をもった作品であるという。これまた、蕙斎という人物が、日本の近世後期の真景描写の絵師のなかでもとくに際立った作画態度をとった絵師であったことを示すものである。この作品は、模写本が明治期に二種作られており、一つは江戸東京博物館蔵（益田鈍翁旧蔵）の明治二十三年（一八九〇）の狩野晏川《あんせん》貴信（根岸御行松狩野家の末裔）の写しであり、もう一つは国立国会図書館蔵の明治三十五年（一九〇二）の写しである。

「黒髪山縁起絵巻」　「黒髪山縁起絵巻」は、江戸前御畳《おたたみだい》大工頭《くがしら》中村弥太夫こと中村仏庵が苦心して得た日光出土の盆石《ぼんせき》を「黒髪山」と松平定信が名付けた由来などが絵詞で表現された絵巻で、一五枚の画を蕙斎が描いている。その中には、松平定信の屋敷で盆石「黒髪山」を写す谷文晁《たにぶんちょう》の姿や、仏庵と親交をもった山中高陽・加藤千蔭・村田春海・平沢旭山・三島自寛・六如・大典・柴野栗山・市河寛斎らの文人墨客《ぶんじんぼっかく》の姿を描いており、残された他の彼らの肖像画と比べても実に真写な描写となっている。その第一〇図の「築地御館総図」には「紹真」印の他に「大漏翁」と読める印が捺されてお

太神楽　鍬形蕙斎画「近世職人尽絵詞」(東京国立博物館蔵)

盆石「黒髪山」を囲む中村高陽・加藤千蔭・村田春海・平沢旭山・三島自寛・慈周六如・笠常大典・柴野栗山・市川寛斎
中村仏庵詞書・鍬形紹真画「黒髪山縁起絵巻」(寛永寺蔵)

り、珍しい蕙斎の印章である。

この「黒髪山縁起絵巻」は、政美（蕙斎）の出自畳屋にかかわる江戸城御用達《ごようたし》の御畳大工頭の中村仏庵の依頼による作品で、仏庵のみならず、こうした職人頭との交流も政美の活動範疇にあったものと考えなければならない。

掛幅画　掛幅画としては、天明初年の作と推定される「浅草図」一幅（個人蔵）や「浅草金竜山遠山風景図」一幅（出光美術館蔵）、「浅草金竜山筑波遠望図」一幅（個人蔵）などの浅草を主題にした鳥瞰図の一連の作品があり、また「飛鳥山《あすかやま》図」一幅（東京国立博物館蔵）や「両国の月に飛鳥山の花図」二幅（太田記念美術館蔵）のような江戸の名所地を描いたもの、そして文政四年（一八二一）の「江戸駿河町三井両替店図」一幅（三井住友銀行蔵）のような江戸城をバックに三井越後屋の店頭を描いたもの、「江戸一目図屏風」の掛幅仕立てともいうべき「江戸一覧図」一幅（日本浮世絵博物館蔵）などがあり、これらの作品は蕙斎が鳥瞰図法を駆使し、江戸の各部のモティーフを組み込んだ一覧図の制作を具現したものといえる。

そのほか、文化十三年（一八一六）の肖像画「山東京伝像」一幅（個人蔵）や、「藤娘図」一幅（アメリカ、カーター氏蔵）、「芸妓図」一幅（アメリカ、フリア・ギャラリー蔵）、

北尾政美画「浮絵江戸橋より日本橋見図」(江戸東京博物蔵)

北尾政美画「忠臣蔵十一段目夜討之浮絵」(江戸東京博物蔵)

「朝妻船図」一幅（旧、麻布美術工芸館蔵）などの美人画や、故事画など多岐にわたる作品を残している。

錦絵

一枚摺りの浮世絵については、「浮絵《うきえ》仮名《かな》手本《でほん》忠臣蔵《ちゅうしんぐら》」横大判（揃い物）（江戸東京博物館蔵）などの浮絵をはじめ、摺物や絵半切などがあり、鳥瞰図法や略画式、淡彩の摺りやグラデーションの技法を用いた作品が多い。先の忠臣蔵シリーズのほかに、名所絵の浮絵として「浮絵東都日本橋小田原町魚市之図」（鶴屋・蔦屋板）「浮絵江戸橋より日本橋見図」（江崎屋板）などや、近江八景などの作品がある。

「江戸一目図」と関連作品

鍬形蕙斎紹真《くわがたけいさいつぐざね》は、寛政六年（一七九四）五月二十六日に、津山藩松平家の御用絵師に新規召し抱えとなった。浮世絵師としては異例な登用である。彼は当初、浮世絵師北尾重政《しげまさ》の門人として「北尾政美《まさよし》」の画号を持ち、また雅号の「蕙斎」で広く知られていた絵師である。

津山藩御用絵師

寛政六年に、北尾三二（あるいは三二郎）こと鍬形蕙斎が、美作国《みまさかのくに》津山藩松平家の御用絵師として新規召し抱えとなった。

さて紹真は、津山松平家の御用絵師として登用された後も、ほとんど江戸に在住しており、津山藩の記録『新参取立』によれば、文化七年から八年（一八一〇～一一）にかけて藩主松平斉孝《なりたか》に従って国元の津山へ一度だけ行ったのみである。
『新参取立』によれば、文化六年（一八〇九）二月十五日に翌年夏の藩主国元帰城の供を命じられ、道中の「御茶道小買物方《こがいものがた》」を仰せつかっている。この藩主帰国で彼も文化七年五月十八日に津山に到着し、翌八年三月十八日出立の江戸参勤への道中でも「御茶道代」を申しつけられている。この津山滞在中に、蕙斎は津山城（鶴山城《かくざん》）の本丸表座敷向の画の制作を命じられている。

江戸時代の各大名家では、徳川幕府に倣《なら》って狩野派一門を御用絵師として登用し、その職を代々世襲させていたが、各藩の御用絵師についての研究が近年盛んになってきた。とくに、守安収の備前岡山藩池田家の御用を勤めた狩野三家についての研究（「狩野派の絵画教育―御用絵師を育てたもの」『美作の近世絵画―津山狩野派の絵師たち―』）では、その公務を『奉公書』（岡山大学池田文庫蔵）により分析して「御用絵師たちが作品の上で自らの存在を明らかにすることができなかった」状況を推論し、また「職分が名実共にお茶坊主的なものであった」ことを指摘している点は、首肯すべきことである。

こうした藩主の側に仕える茶坊主的存在としての大名家御用絵師の職務実体については津山藩においても同様である。蕙斎が新規召し抱えの御用絵師となった場合においても、当然こうした職務実体をイメージするべきであろう。

さて、北尾三二改め津山藩御用絵師の鍬形蕙斎紹真となった経緯と、その後の様子を見るために、津山郷土博物館所蔵「津山松平藩文書」の『新参御取立』にある蕙斎関係の記事を後掲した。『新参御取立』は、合本帳仕立で、藩の役人が記載したものという。鍬形蕙斎紹真（羽赤）に関する記事は、文政二年（一八一九）までの分の『新参御取立　四』と、それ以降の『新参御取立　壱』とにあり、三部に分かれた書き上げとなっている。また、養嗣子の鍬形赤子の記事は、羽赤（蕙斎）につづき所収されている。

［史料1］

後改鍬形

北尾三二

一、寛政六甲寅五月廿六日、大役人格御絵師被召出、御擬作十人扶持被下之、家業出精可相勤旨被仰付候。

一、同日、剃髪被仰付候、尤年々絵具代金三両ツヽ、被下候旨被仰渡候。

一、同六月四日、蕙斎与改号。

一、同九丁巳六月十一日、是迄師匠之苗字相名乗候処、本姓鍬形与相改申度旨御聞届。

一、享和元年辛酉十一月三日、忌御免御成候。
　　右者父死去ニ付。
（津山松平藩文書『新参御取立　四』より）

［史料2］

　　鍬形蕙斎

一、文化六己巳十二月十五日、来夏御帰城御供、御道中御茶道代小買物方被仰付候。
一、同十二月十八日、御城御普請絵図出勤相勤候付、銀三両被下之候。
一、同七庚午五月十八日、御供津山著。
一、同七月五日、御帰城之節、御道中御賞詞。
一、同廿一日、表御座敷向画被仰付候。
一、同十一月十八日、来春御参勤御供、御道中御茶道代被仰付候。
一、同八辛未三月十五日、御張付幷御杉戸類画出精相認候付、銀三拾五匁被下之候。
一、同十八日、御供、出立。
一、同七月八日、御参勤之節、御道中出精之旨御賞詞。
一、同十二月十八日、出精相勤候付、格式小従人組大目付支配被仰付候。

一、同九壬申、羽赤与改号。
一、同十一甲戌十一月廿三日、大御番頭松平長門守殿組与力水野九兵衛与申者、私妻従弟ニ付、同人次男新次郎義引請厄介仕度段、御聞届。
一、同十二乙亥二月八日、榊原飛驒守殿御家来勝木八郎右衛門与申者厄介水野金次郎義養子仕度旨、願之通御許容。
一、同十三丙子四月七日、悴金次郎、初而御目見被仰付候。
一、同七月廿二日、悴金次郎、病死。
一、同八月二日、忌御免。

（『新参御取立　四』より）

［史料3］

鍬形羽赤

一、文政二己卯二月十三日、脇坂中務太輔殿御家来今井伊助与申者娘、養女ニ仕、追而相応之処へ差遣申度旨、願之通被仰付候。
一、同十一月五日、御杉戸御袋戸画数々相認候付、金千疋被下之候。
一、同三庚辰四月十一日、当年五十七歳罷成候処、男子無御座候、依之脇坂中務太輔殿御家来今井伊助二男万吉与申者、当辰廿一歳罷成候、尤妻甥之続ニ而、家業も兼々心懸罷在候間、此者養子仕度旨、願之通被仰付候。
一、同五壬午二月廿五日、悴赤子、当午二十三歳罷成候、以御序御目見被仰付候様願書差出、御聞届。
一、同六癸未九月十五日、厳敷御省略中ニ付、絵之具代不被下候、御用之認物被仰付候ハヽ、追而相応之御褒美被下之旨被仰付候。
一、同十二月十八日、画度々被仰付候付、金五百疋被下之候。
一、同七甲申三月廿二日、先頃以来病気罷在、種々養生仕候得共、本復之躰無御座候、若相果候ハヽ、悴赤子儀当申廿五歳ニ罷成候、家業も相応ニ仕候間、以御憐愍跡式相続被仰付、如何様とも被召仕被下置候様、願書差出之。
一、同日、死去。

（『新参御取立　壱』より）

召し抱え

寛政六年（一七九四）五月二十六日に、北尾三二が大役人格で十人扶持にて美作国津山藩主（五万石）松平康哉に御用絵師として新規召し抱えとなり、即日に剃髪を仰せ付けられた。この剃髪により僧体となることは、将軍や大名に近侍する医師や茶坊主などが仮に身分差を超越する一種の方便《ほうべん》である。

津山藩の場合、大役人格というのは、『家臣分限帳』などによれば下級の格式であり、蕙斎は文化八年（一八一一）十二月十八日に、勤めが出精につき格式を一ランク昇進されて大目付支配の小従人組に出世し、これにより士格となっている。

この昇格については、『鶴山藩譜抜抄』によれば藩士の家を、譜代・古参・古参音取立・士格新参・士格新参並・世代士格・新参御取立の順に格付け分類しており、蕙斎は最下位にあたる「新参御取立」の地位に最初属していたわけである。ちなみに「新参御取立」とは、士格以下に召し出されたのち士格に取り立てられた家のことで、総計五七八家に及ぶという。

安東靖雄によれば「津山松平藩文書」の享保十一年（一七二六）『家臣分限帳』による津山藩の「格式・役職表」は、家老（家老・中老）、年寄（年寄・用人）、頭分（奏者・大番頭・小性（姓）頭・大目付・中奥頭・徒行頭・小従人頭・物頭・寄合・使番）、番外（番外頭分・番外）、組付（小性《姓》組・中奥組・大番組・小従人組）が士分の格式で、その下に大役人、小役人、歩行、坊主が位置し、またその下に足軽、仲間がいるという。そして大役人の役職としては、小勘者・次祐筆・帳付・料理人・御櫛揚・大工棟梁・大納戸・紙納戸・御坊主頭・絵師・十分一役荒物方・勘定方・勝手方があげられている（『津山藩政の展開と領民』『岡山県史』第七巻）。

蕙斎は「絵師」の職分から大役人格となったわけであり、津山藩御用絵師として出世したわけである。ちなみに小従人組のなかには「御茶道」の職分があり、蕙斎とその子孫もこの役職に奉仕している。

文化九年の『津山藩分限帳』には、小従人格として「一、拾人扶持鍬形蕙斎」の記載があり、そこには大役人格として同じ津山藩御用絵師の狩野如慶（如水の後継者）の名も記されている。

藩主津山帰国への同道

さて話を元に戻すと、蕙斎は文化六年（一八〇九）十二月十五日に、翌年夏の藩主の国元帰城にお供を命じられ、道中の「御茶道小買物方」を仰せつかっている。このことからも、御用絵師蕙斎は、藩主の側御用を「茶道」役に準じて勤めることも職務の一つであったことがいえよう。

このことは、文化七年五月十八日に津山に到着し、道中の御茶道小買物方の役目が上手く勤まり「御賞詞」をもらっていることや、翌八年三月十八日出立の江戸参勤への道中でも「御茶道代」を申しつけられていることからもうかがえる。この間に表座敷向の画の制作を命じられており、これらの仕事の一部が「江戸一目図」であったと推定される。
北尾政美が津山藩の抱え絵師となって八日目の六月四日に、「蕙斎」と号を改めている
が、姓は「北尾」のままであり、この浮世絵師としての画姓を改めるのは、寛政九年（一七九七）六月十一日である。この時に「鍬形」へ改姓が許されているが、これは狩野派でない絵師を御用絵師として登用したことの、幕府に対する津山松平家の配慮が働いたものと思われる。

『江戸日記』

さて、膨大な「津山松平藩文書」のなかに『江戸日記』がある。この『江戸日記』は、延宝九年（一六八一）より明治元年（一八六八）十月まで（途中欠けている年もあるが）ほぼそろっている。一年分が、正月から六月分と、七月から十二月分と二冊になっているものが多く、幾度となく火災にあった都市江戸の研究にとってたいへん貴重な史料である。
その『江戸日記』の寛政六年（一七九四）五月二十六日の条に、北尾三二が津山藩江戸詰年寄黒田要人宅において御用絵師として仰せ渡しがあったことが次のように載る。

（寛政六年）五月廿六日　曇
一、御用番御年寄黒田要人於宅、左之通申渡、御年寄山田主膳列座、大目付出席。

大目付同道
北尾三二

其方儀、大役人格御絵師被召出、御擬作十人扶持被下之候、家業出精可相勤候。
尤勘定奉行支配被仰付之。
月日
右、被仰渡御書付、猶同所大目付相渡候。
（中略）

一、於御用所御用番御年寄黒田要人、左之通申渡之。
大目付出席。
北尾三二義剃髪被仰付候。尤年々絵具代金三両ツヽ被下之候、此段可被申渡候。
渡部柳佐義、小坊主被仰付候。
御前向之義候間、入念相勤候様可被申渡候。
（中略）

一、川上藤九郎・佐々木右近差扣、大目付以同役相伺候処、不及其義被仰出之。
右者、今朝北尾三二被仰渡候節、御書付渡方風申間違有之恐入。

御用番の黒田要人の役宅において、年寄の山田主膳が同席し、大目付の川上藤九郎（大目付は月番交代であり、寛政六年五月は川上藤九郎が当番）が同道して、北尾三二が絵師として召し抱えとなったことの申し渡しが行われている。北尾三二は勘定奉行配下となり、仰せ渡しの書付は大目付より渡されている。また剃髪すべきことと、絵具代を毎年三両ずつ支給する旨が申し渡されている。

また『江戸日記』寛政六年六月四日の条には、改号の記事が次のように載る。

改　号

（寛政六年）六月四日　晴

一、北尾三二義、左之通改号仕度旨、伺書同断。

　三二事北尾蕙斎

これ以後翌年の寛政七年五月五日まで、掲載に関する記事は『江戸日記』には見当たらない。『江戸日記』の寛政七年五月五日の条には、鍛冶橋御門内にある上邸《かみやしき》で端午《たんご》の節会《せちえ》が催され、そこに出仕した家臣衆の名前のなかに「北尾蕙斎」の名を見出せる。まさに藩主に対しての蕙斎の初目見えであろう。

蕙斎は、文化七年（一八一〇）から八年にかけて藩主松平斉孝《なりたか》の国元帰城に従って津山へ行った以外は、津山へは行っていないようである。同藩の御用絵師である狩野如林（松甫、宗信）や狩野如水が、御納戸小坊主や御前小坊主として藩主の参勤交代に供をすることが重要な仕事であったのに比べて、蕙斎は別格な扱いを受けていたのであろう。江戸で、藩主の側近くに仕えるお伽衆としての役割をもっていたとも推察されるが、同時に版本挿画や肉筆画の作画活動が保証されていたものと思わざるをえないのである。

津山滞在と正木兵馬

さて、蕙斎の文化七・八年の津山滞在に関する興味深い記事が『江戸日記』に載るので見てみよう。

（文化七年）五月廿日　晴

（前略）

一、正木兵馬義、鍬形蕙斎御帰城御供被仰付罷越候付、当分致同居度旨、伺書以支配頭差出、仰聞届。

一、鍬形蕙斎義、右同断伺書差出之、右同断。

文化七年五月十八日に津山へ到着した翌々日の二十日に、津山滞在中の宿所として正木兵馬なる者の屋敷内に同居することについて、正木兵馬と鍬形蕙斎の両人から支配頭あてに伺書が提出され、許可されている。蕙斎の津山滞在中の実態については、従来不明であったが、ここに手がかりがつかめたのである。

正木兵馬は、蕙斎と同じく新規召し抱えとなった人物で、『勤書』によれば彼は尾張国の出身で寛政三年（一七九一）二月に、小従人組の士分格式で召し抱えとなり「四十五俵」を扶持されている。そして軍学者として津山藩に仕え、その住居は城下の田町にあてがわれた。したがって、蕙斎はこの田町にあった正木の屋敷に逗留したのである。

正木は軍学者としての職能だけでなく、蕙斎の津山滞在直後の文化九年（一八一二）から同十二年にかけて『作陽誌』の美作国東側分について地誌編纂に従事しており、すぐれた才能をもった人物であった。すでに『作陽誌』は、元禄四年（一六九一）に美作国の西側分については編纂が済んでいたが、残りの東側分は未了で、この文化期の正木による編纂で完結したのである。この功績により、正木は文化十二年（一八一五）に大番組に昇格し五十石取りとなった。

さて、正木兵馬の屋敷が蕙斎の津山滞在の宿所にあてがわれたのは、以前から両者の交流があったためか、それとも単に藩命であったのかわからない。しかし、同じ新参者同士の身分格式であることや、蕙斎が絵図の制作を命じられ担当した御用絵師であり、また正木兵馬が軍学者であり、かつ『作陽誌』の編纂に従事するという経歴からみて、職務上での関係が深く、そのため藩の命令によって正木と積極的な交流を求められたという都合からではなかったかと思われる。

そのほか、「津山松平藩文書」の『江戸日記』には、蕙斎と深く関係した人物で、おそらく御用絵師として召し抱えの斡旋をしたであろうと思われる森島中良《もりしまちゅうりょう》（桂川甫粲《かつらがわほさん》）の兄にあたる、幕府御用医師で蘭学者の桂川甫周《ほしゅう》が、江戸藩邸に出入りしている記事や、御用絵師の狩野如水に関する記事、あるいは津山藩の御用医師で蘭学医の宇田川玄随《げんずい》に関する記事など、豊富な江戸藩邸の状況がそこにはうかがえる。

蕙斎は、同年七月二十一日に津山藩御用絵師の二つの狩野家、すなわち狩野如慶と狩野和泉らとともに表座敷の絵を描いている。また翌八年の三月十五日には、張付ならびに杉戸の絵を描き、そのことにより銀三五匁を下賜されている。ついでながら、金沢文庫蔵の「徒然草図屛風」も、この津山滞在中の作であるという。

「江戸一目図」制作の様子

「江戸一目図」は、現在は屛風仕立てとなっているが、もとは襖絵《ふすまえ》であった。そのことは、料紙面に襖の把手の跡があることや、伝承話から判明している。その制作については、第一扇右下に「文化六己巳年／紹真画」の墨書と「紹真」の方形朱印が捺《お》されているところから、文化六年に制作されたものと考えられる。おそらく文化六年（一八〇九）に藩主帰国の準備が開始されたおり、後述する摺物の「江戸名所之絵」を基にそれを拡大し、より細部に手をかけた大画面の襖絵として制作し、めくり状態のまま津山へ搬送したものと想像する。めくり絵「江戸一目図」を、津山城内の座敷の襖絵として仕立て、のちに屏風に改装されたと思われる。この改装の経緯については不詳である。この大画面の江戸鳥瞰図襖絵の制作には、国元にあって都市・大江戸の景観を具体的に披露する意味が籠められていたであろう。

なお、この図が江戸藩邸の襖絵であった可能性もないではないが、江戸藩邸の火災や地震での罹災や、制作の時期から考えて、国元のため発注された可能性が高いと考える。

先行作品

さて、「江戸一目図」に関連する蕙斎の作品がある。肉筆画では、日本浮世絵博物館蔵の「江戸鳥瞰図（江戸一覧図）」一幅がその例で、ほぼこの津山市郷土博物館蔵「江戸一目図」を小型化した作品であり、数本が現存する。津山の屏風絵が淡彩画なのに比べ、これらの掛幅絵は濃彩画である。

注目すべきことは、この「江戸一目図」より先立つこと六年前の享和三年（一八〇三）に刊行された一枚摺りの「江戸名所之絵」（淡彩摺物）の存在である。またそれより前の天明五年（一七八五）に刊行された、夢仏撰・蕙斎画の雑俳集『江都《えど》名所図会』の江戸名

江戸城・一石橋・日本橋・三井越後屋
「江戸一目図屏風」（津山郷土博物館蔵）

所五十景である。この五十景は、江戸の名所として新たに画題となった所を多く含み、こうした部分図の組み込みによって「江戸名所之絵」や「江戸一目図」を完成させたものと考えられる。

こうした作品のベースとして考えられる蕙斎の作品に、隅田川の水景を画題とした図巻の秋田県立美術館蔵の「江戸海岸風景図巻」や、「墨田川両岸絵巻」がある。こうした画題は、後年の文政四年（一八二一）に制作されたサントリー美術館蔵の「隅田川図屏風」八曲一隻へと結実するのである。

このうち、津山市郷土博物館蔵の「江戸一目図屏風」に、とくに影響を与えたと考えられる『江都名所図会』と「江戸名所之絵（江戸鳥瞰図）」を取り上げてみよう。

『江都名所図会』と「江戸名所之絵」

『江都名所図会』

『江都名所図会』(または『燕都名所杖』)、これは藍摺を基調とした淡彩摺りの妙味を遺憾なく発揮した作品で、江戸名所の五〇景が連綿とつづいた一巻きの摺物である。この淡い諧調の、上品な風景画を描いたのは、巻末にその名が記されている「北尾蕙斎政美」である。

『江都名所図会』は、調査したかぎりで、八木家蔵と千葉市美術館蔵(ラヴィツ・コレクション)の二種は折本帖《おりほんじょう》仕立てである。その他の中野三敏氏、喜多正子氏、渥美國泰氏、三井文庫、福生市郷土資料室、江戸東京博物館などの諸架蔵本は、巻子本《かんすぼん》仕立てとなっている。しかし、これらの巻子本も、よく見ると折り跡が認められ、かつては折本形式のものであったと思われる。

『江都名所図会』の絵半切れ的な性格を考慮に入れると、当初は表紙を付けない簡易折本であった可能性もある。この『江都名所図会』は、江戸の名所五〇景とそれぞれの名所に江戸雑俳《ざっぱい》の点者《てんじゃ》、夢仏の撰による俳句六九首と漢詩二首を付したものである。

この天明五年（一七八五）八月に上梓《じょうし》された長尺の摺物に、蕙斎が江戸の名所五〇景を描いている。そのうちの一〇景は、そのなかでもとくに横長の構図である。その一〇景とは、上野・両国橋・羅漢寺・日暮里・日本橋・隅田川・品川・浅草寺・飛鳥山・蓬萊宮（江戸城）である。

描写様式は、「江戸一目図」や「江戸名所之絵」などに見られる鳥瞰図法、そして『略画式』などに見られる略画図法など、また名所の構図の原型がそこにはうかがえる。

この『江都名所図会』が最初に上梓されたのは、崑山玩璋《こんざんげんしょう》の序文に「天明乙巳秋八月」とあることや、夢仏庵主人撰の跋文の後に「維時天明五歳乙巳南呂」とあることから、天明五年（一七八五）の八月（南呂は陰暦八月の異名）であったことが知れる。

このとき蕙斎は、奥書にある自身の肩書の「東都掘止街杉祠頭」から、江戸の堀留杉森新道に住んでいたことがわかる。

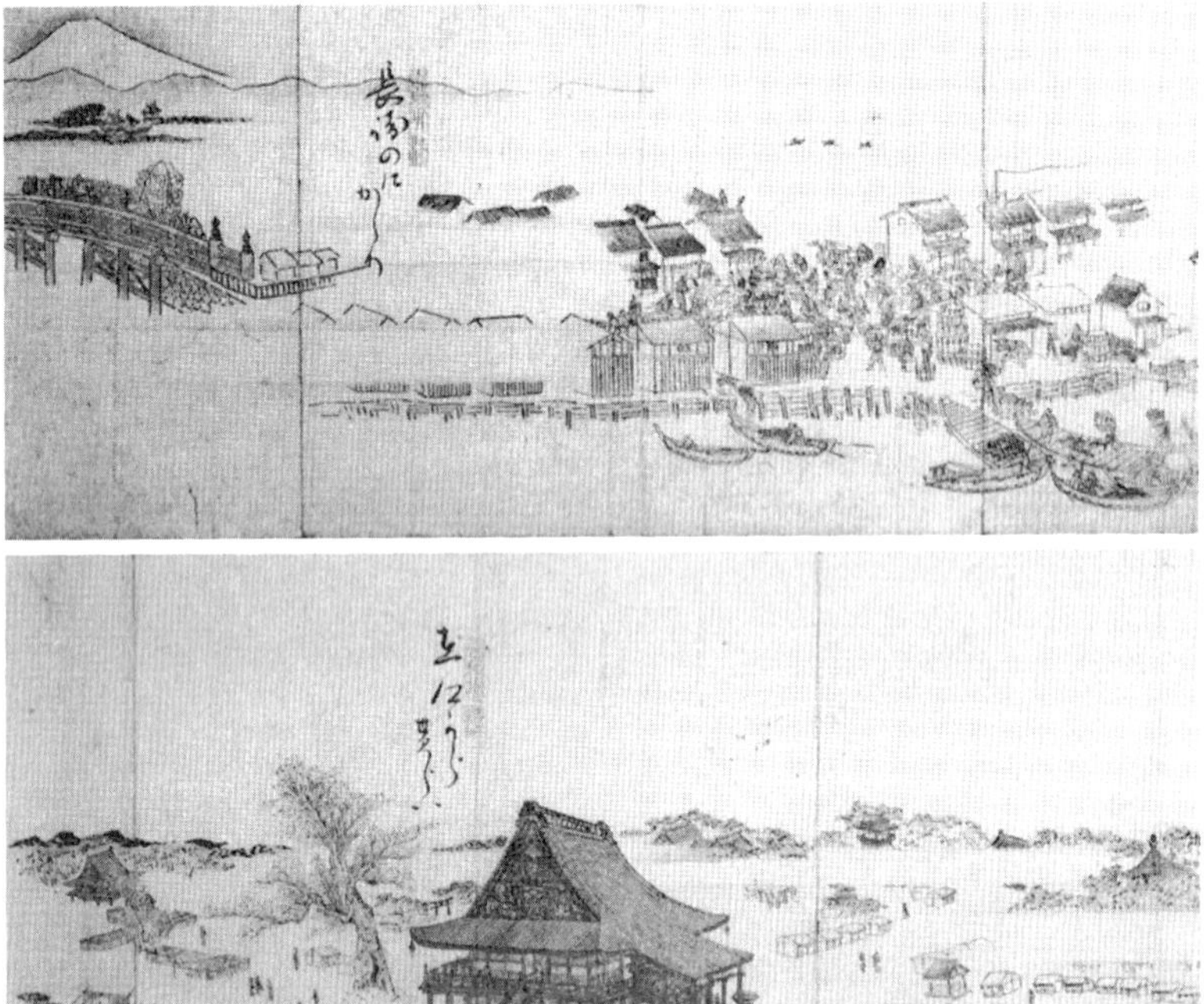

日本橋（上段）浅草寺（中段）中洲・佃島・富賀岡（下段）
北尾政美画『江都名所図会』（八木家蔵）

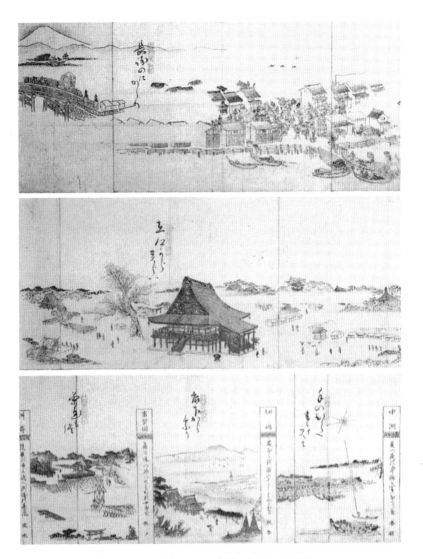

そこで、このときの蕙斎の居住地を調べるのに、同時代人の著した地誌を紐解いてみよう。それは、江戸の神田雉子《きじ》町の町名主であった斎藤幸雄・幸孝・幸成の親子三代が著した、奇しくも『江都名所図会』と同音の『江戸名所図会』（七巻二〇冊）である。とくに、編纂の労をとった斎藤幸成（一八〇四〜一八七八）は、月《げっ》岑《しん》の号で知られ、『月岑日記』をはじめ『東都歳事記』『武江年表』『声曲類纂』などの多くの著述を残し、今日の江戸学研究に大いに貢献している。そして、この斎藤親子は、蕙斎とも親交を通じていたという。

斎藤月岑

さて、『江戸名所図会』は文政十二年（一八二九）に成立し、天保五年から七年にかけて（一八三四〜三六）刊行されたもので、寛政から天保年中の江戸がよく紹介されている。緻密な挿絵を描いた絵師は、長谷川雪旦《せったん》・雪堤《せってい》の父子である。

『江戸名所図会』によれば、掘止街の杉祠とは、新材木町にあった「杉森稲荷の社」のことである。そして、俗に当社ある故に、この所を「いなり新道《じんみち》」と称すという注記によれば、杉森稲荷社への参道を稲荷新道と称していたようで、政美はこの杉森稲荷社の社頭近くの「いなり新道」に住まいを構えていたのである。場所は現在の中央区日本橋堀留《ほりどめ》一丁目にあたり、稲荷新道は和国橋から東へ入る道であったという。また、新道の角に白木屋おくまの一件で有名な材木御用達の白子屋があったともいう。

「江戸名所之絵」

「江戸名所之絵」が、いかに流行したかは、初版本の「野代柳湖彫」とある摺物のほか、第二版が刊行されていることからもわかる。江戸東京博物館や国立歴史民俗博物館の蔵本をはじめ、三井文庫の所蔵品の中の一本（三井文庫本では「江戸一目図」とされている）などがそれである。

第二版本（再版本）は、彫師の名「野代柳湖」がないことをはじめ、絵師の「江戸鍬形紹真筆」の書体や版印の「紹真」が初版本と微妙に異なり、また富士山の裾野のすやり霞《がすみ》の左下にある雲の形も大きく異なる特徴をもつ。そして注意深く比較してみると、寺院や地名などの書き込みの文字表現が所々相違するのである。この第二版本が、『割印帳』にある文化十四年（一八一七）の再改版であろうか。

蕙斎没後も、この近世後期の江戸という一点透視図法によるシームレスの都市景観図が好んで求められたことは、この再改版の事例や、明治期に入って孫の鍬形勝永（蕙林）画「江戸名所之絵」（国立歴史民俗博物館蔵、袋付き）の上梓、他の絵師の版本挿絵として綴じ込まれたこと、また幕末期に京都の玄々堂から銅版画の扇面画三都景観図の一葉として出されたことなどからも明らかである。

鍬形紹真画「江戸名所之絵」(東京都江戸東京博物館蔵)

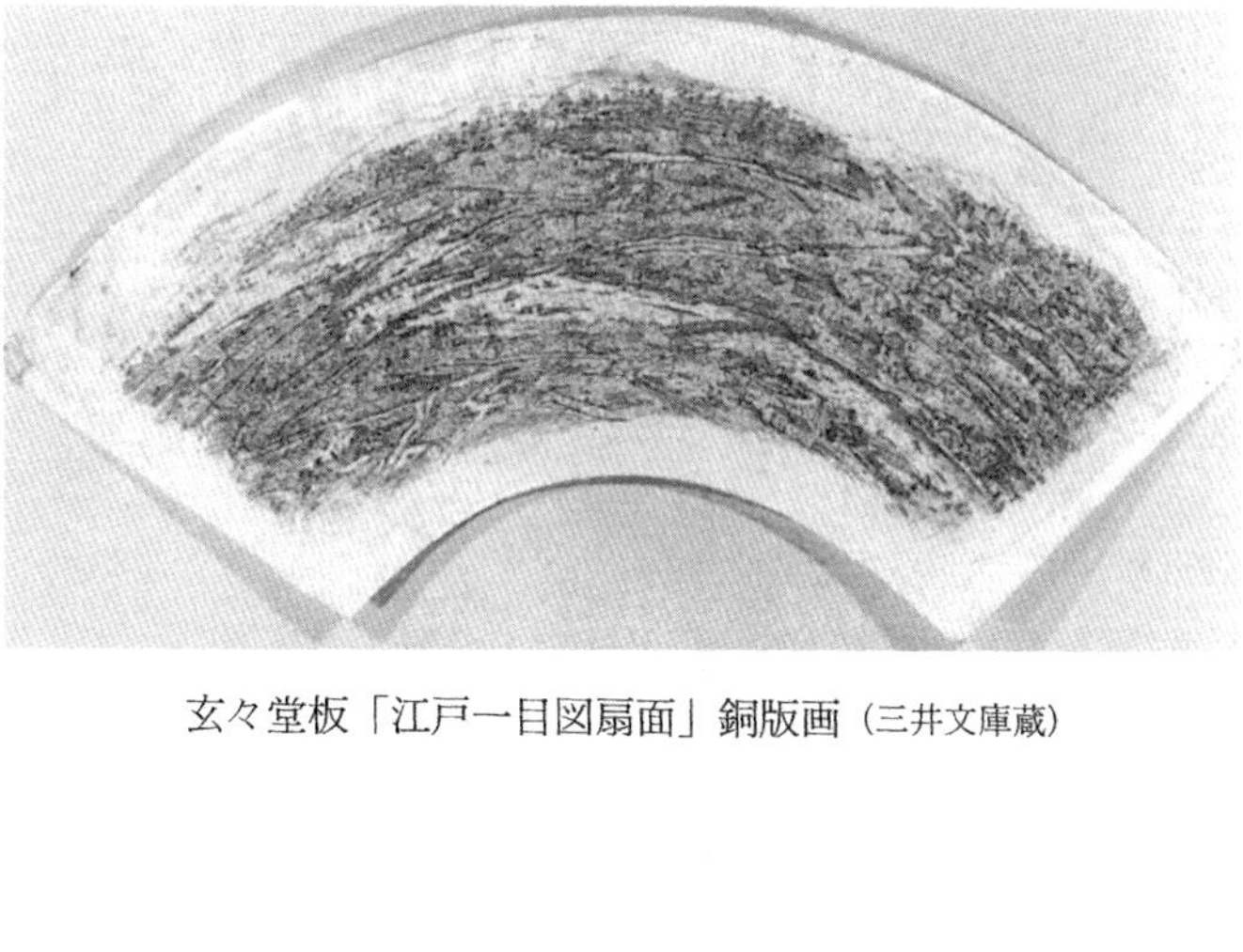

玄々堂板「江戸一目図扇面」銅版画 (三井文庫蔵)

この「江戸名所之絵」は、縦四二チセン、横五八チセンの、いわゆる大大判《おおおおばん》の摺物で、通例の大判錦絵の倍のサイズの江戸鳥瞰図は、当時圧倒的な驚きをもって受け止められたものであろう。

銅版画の三都図

蕙斎画の「江戸名所之絵」がいかに引用されたかという証拠は、銅版画の扇面面「江戸一目図」（三井文庫所蔵）が作られ、またその三都版ともいうべき「浪花名勝一覧」（三井文庫所蔵）や「洛中洛外一目図」（「洛中洛外大路小細見」）が出されていることからも知られる。

「浪花名勝一覧」には、左端に「安政三丙辰（一八五六）秋九月改正再刻／玄々堂禄山刀〈印〉（蘭書亭）」とある。また「洛中洛外一目図」には、「安政二乙卯（一八五五）春改正再刻」とあり、題簽《だいせん》に「洛中洛外名勝一覧広々堂禄山刻」の銘文が記され、その第四版が「洛中洛外大路小細見」（「文久四甲子（一八六四）改正四版再刻／帝都松田禄山銅鐫《どうせん》／洛中洛外大路小細見〈並人馬口付所／諸御大名屋舗〉／近刻」）の名で刊行されている。これらの都市景観図の扇面銅版画は、おそらく安政元年ごろに刊行されたものの再版かと思われる。

『割印帳』

さて、『割印帳』の享和三年（一八〇三）八月の記事に「江戸名所絵」という一枚摺の画が出版されていることが載る。

〈享和三亥年八月一七日不時〉

掛り　西村宗七
行事　近江屋新八
　　　小林新兵衛
　　　岡田屋嘉七
　　　竹川藤兵衛
　　　万屋太次右衛門
売弘　須原屋市兵衛
同　　須原屋茂兵衛
同　　伊八

享和三亥年八月
江戸名所絵　彩色　一枚摺　蕙斎画蔵板
　墨付
文化十四丑春行司取調之上再改

これによれば、享和三年八月に蕙斎画蔵板の彩色一枚摺画「江戸名所絵」が刊行され、大手の板元須原屋市兵衛をはじめ同族の茂兵衛・伊八がその販売を引き受けていたことがわかる。

さて、このように大流行した「江戸名所之絵」の版権が、鍬形家に継承されたということは、絵師としての著作権を保持するという、いわば近代的な版権にかかわる問題がそこには籠められてもいた。

鍬形氏蔵板

安永七年（一七七八）の『小鍋立』を皮切りに寛政末年までは黄表紙を中心に、また寛政期からは往来物や「略画式」のような画手本など三〇〇部余の板本の挿画を描いた鍬形蕙斎は、大いに流布した板本や摺物の絵を数多く手掛けたことにより、その版権に対する意識が芽生えたものと推察される。

蕙斎の没した文政七年（一八二四）三月二十二日以降も、その刊行がつづけられたことを考慮にいれれば、たとえば『人物略画式』や「江戸名所之絵」などのように重版された後期の作品が、「鍬形氏蔵板」となっていることは、蕙斎の家の経済の問題であったものと思うし、また版権意識の萌芽とみるべきであろう。

「江戸名所之絵」の特徴

「江戸名所之絵」の初版初摺本は、墨版を基調に、薄藍（水色）・朱・灰色・緑・肌色の、いわば鍬形蕙斎のよく用いた淡彩の木版摺である。

そして微細な表現が各所になされているが、その一端を紹介すると、火の見櫓の位置の正確さ、飛鳥山の碑と柵の細やかな表現、御府内との出入口の浅草御門な

日本橋・芝居・隅田川　鍬形紹真画「江戸名所之絵」（江戸東京博物蔵）

どの建造物、聖堂の鴟尾《しび》の目立つ大屋根、医学館の鴟尾や天文所のドーム屋根は、ランドマークとなっている。上野山下には小屋掛けに上り幟、寛永寺の諸堂に時の鐘、三橋も描かれている。新吉原は浅草田圃の中に塀をめぐらして大門、遊廓の屋根には天水桶、隅田川東側には煙が上り今戸焼きを暗示。両国橋の両橋詰めには見せ物小屋や水茶屋が、東橋詰めの下流で大山石尊詣での水垢離《みずごり》の姿にも注意を払う。回向院《えこういん》には露座の大仏、亀戸の梅屋敷は梅林、亀戸天神の象徴として太鼓橋が見える。それに三井越後屋（駿河町）、島屋（馬喰町）、白木屋（通町）、亀屋（京橋）、恵比須屋（京橋）、松阪屋（新橋）が瓦屋根の大店として描かれ屋号を添える。葺屋町《ふきやちょう》の市村座、堺町の中村座、木挽町《こびきちょう》の森田座が、櫓掛けの大きな芝居小屋、東西の門跡《もんぜき》寺院（本願寺）も大屋根を見せた大建築でランドマークとなって目立つ。このように、細やかな当時の江戸の名所や地形、そして評判の事物、風俗などの特徴を組み込み、蕙斎は都市江戸の真景縮図として表現しているのである。

こうした都市江戸の情報を満載した一枚摺の鳥瞰図は、「江戸一目図」襖絵（現在は屏風絵）として大画面に再構成（視点の変化や部分的なデフォルメ）され、また一枚の掛幅絵として、また他の絵師が主題を引用して板本の挿絵や一枚摺の銅版画として制作され、この第二タイプの都市景観図は膨大な数が人の目にふれたのである。このことにより、一点透視図法による都市景観図の概念が広く認識されるようになったと考えられよう。

名所データ

鍬形紹真筆・野代柳湖刻「江戸名所之絵」（三井文庫蔵本や江戸東京博物館蔵本の初版本による）に書き込まれている地名や店名、芝居の座名などの数は二六五件あり、そのデータの一覧（五十音順）は次のとおりである（表3）。不明のものもあるので、今後とも確定に努力したい。

このハンディな「江戸名所之絵」が大いにもてはやされた理由は、江戸を一目で見るような斬新なランドスケープであったのみならず、こうした江戸の情報を満載したデータ集成の絵画であったことも大きかったのではないか。

大都市として発展した江戸、それを都市図として絵画表現するのが限界に達したほど、この近世後期の江戸は江戸城をはじめ大名屋敷、寺社、そして大商店や新しい建造物や、橋や渡し場などの施設が増大していたのである。

185	ナリヒラバシ	業平橋
186	西門セキ	西門跡（西本願寺）
187	ニホンツヽミ	日本堤
188	日本ハシ	日本橋
189	子ギシ	根岸
190	子ツ	根津
191	ハギテラ	萩寺
192	白山	白山
193	ハクロウ丁	馬喰町
194	ハシバワタシ	橋場渡し
195	バセヲツカ	芭蕉塚
196	八マン	八幡（市ヶ谷）
197	八マン	八幡（三田）
198	八マン	八幡（深川）
199	八丁ホリ	八丁堀
200	ハナカハド	花川戸
201	ハリゲスイ	割下水
202	バンスイイン	幡随院
203	東門ゼキ	東門跡（東本願寺）
204	ヒカハメウジン	氷川明神
205	ヒグラシ	日暮
206	ビシヤモン	毘沙門
207	ヒラ川テンシン	平川天神
208	深川	深川
209	フキヤ丁	葺屋町
210	フゲン	普賢
211	二ツ目	二ツ目
212	弁天	弁天（不忍池）
213	弁天	弁天（深川）
214	ホウテンジ	?
215	本郷	本郷
216	本所	本所
217	本丁	本町
218	松サカヤ	松坂屋
219	マツサキ	真先（真崎）
220	マツチ山	真土山（待乳山）
221	マナベカシ	真鍋河岸
222	三田	三田
223	三井	三井（越後屋）
224	ミツマタ	三ツ派
225	三ツ目	三ツ目
226	ミノワ	三ノ輪
227	ミメクリイナリ	三囲稲荷
228	ミロクジ	弥勒寺
229	ムメヤシキ	梅屋敷（亀戸）
230	ムメワカ	梅若
231	メウケン	妙見
232	メウジン	明神（飛鳥山）
233	メウシン	明神
234	明神	明神（神田）
235	目グロフドウ	目黒不動
236	目白フドウ	目白不動
237	モリタ	森田（座）
238	ヤクシ	薬師
239	ヤケンホリ	薬研堀
240	ヤナギハシ	柳橋
241	ヤナキハラ	柳原
242	八ツ山	谷山
243	山下	山下（上野）
244	ユウテンジ	祐天寺
245	ユウ子ンジ	唯念寺
246	ユシマ	湯島
247	四日市	四日市
248	四ツ目	四ツ目
249	ヨツヤ	四谷
250	ヨロイノワタシ	鎧の渡し
251	両コクハシ	両国橋
252	レイカンシ	霊巌寺
253	レイカンシマ	霊巌島
254	レウゼンジ	霊山寺
255	六ケンボリ	六間堀
256	ワシ大明ジン	鷲大明神
257	ヱイタイ	永代（橋）
258	ヱコウイソ	回向院
259	ヱドミサカ	江戸見坂
260	ヱビスヤ	恵比須屋
261	ヱンマドウ	閻魔堂
262	ヲガワ丁	小川町
263	ヲダハラ丁	小田原町
264	ヲチヤノミツ	お茶の水
265	ヲナギ川	小名木川

93	三十三ケンドウ	三十三間堂（深川）
94	山王	山王（権現社）
95	山王	山王（上野）
96	サンヤ	山谷
97	シイキ	椎木（本所）
98	ジウグハンシ	成願寺？（本所）
99	下テラ	下寺（上野）
100	シタヤ	下谷
101	品川	品川
102	シノハツノイケ	不忍池
103	芝	芝
104	シブヤ	渋谷
105	シマヤ	島屋
106	シヤウ天	聖天
107	上シンジ	浄心寺（深川）
108	上センジ	常泉寺
109	シヤウ子ンジ	浄念寺（浅草）
110	シヤウヘイハシ	昌平橋
111	正トウジ	正燈寺
112	シュビノマツ	首尾ノ松
113	シロカ子	白金
114	白木	白木（屋）
115	白ヒゲ	白髭
116	シン大ハシ	新大橋
117	シンバシ	新橋
118	シンメイ	神明（芝）
119	シンメイ	神明（深川）
120	シンメイ	神明（真崎）
121	シンヤナギハシ	新柳橋
122	シン吉原	新吉原
123	スイドウハシ	水道橋
124	スキノモリ	杉の森
125	スサキ弁天	洲崎弁天
126	スジカイ	筋違（御門）
127	スミダ川	隅田川
128	住吉	住吉
129	スルガタイ	駿河台
130	スルカ丁	駿河町
131	セイクハソジ	誓願寺
132	セイ正シ	青松寺（麻布）
133	セイドウ	聖堂
134	セキヤノサト	関屋の里
135	センガクシ	泉岳寺
136	ゼンクワウシ	善光寺（麻生）
137	千住	千住
138	ゼンフクジ	善福寺

139	ゾウシガヤ	雑司ヶ谷
140	ゾウ上ジ	増上寺
141	相州大山	相州大山
142	ソウセンジ	総泉寺（真崎）
143	タイシ	太子
144	大丸	大丸
145	（大）モン	大門（芝）
146	タイ六天	第六天
147	大ヲンシ	大音寺（石浜）
148	タカタバヽ	高田馬場
149	タカナワ	高輪
150	タキノ川	滝野川
151	タヽノヤクシ	多田薬師
152	田丁	田町（新吉原）
153	田丁	田町（芝）
154	立川	立川（タテカワ・本所）
155	タメイケ	溜池
156	チヽブ山	秩父山
157	チヤキイナリ	茶木稲荷
158	ツキジ	築地
159	ツクダ	佃
160	ツクダシマ	佃島
161	ツマコイ	妻恋
162	テツホウヅ	鉄炮洲
163	天シン	天神（湯島）
164	天シン	天神（亀戸）
165	テンツウイン	伝通院
166	テントクシ	天徳寺（麻布）
167	デンホウイン	伝法院（浅草寺）
168	テンマ丁	伝馬町
169	テンモン所	天文所
170	東ヱイ山	東叡山
171	トウカイジ	東海寺
172	ドウカン山	道灌山
173	ドウケ	堂下？
174	トウゼンジ	東禅寺
175	ドウテツ	道哲（浅草）
176	ドハシ	土橋（深川）
177	トヲリ丁	通町
178	中川	中川
179	中サカ	中坂
180	ナガタバヽ	永田馬場
181	中タンボ	中田圃
182	中ノ丁	中川町（深川）
183	中ハシ	中橋
184	中村ザ	中村座

表3　「江戸名所之絵」の地名などの一覧

1	アカキメウジン	赤城明神	47	カサモリ	笠森（稲荷）
2	アカサカ	赤坂	48	カシマ	鹿島（明神）
3	アキハ	秋葉（明神）	49	カスガ	春日（社・三田）
4	アキハ	秋葉（明神）	50	カスミカセキ	霞ヶ関
5	アサクサ	浅草（御門）	51	カヅサ	上総
6	アサクサ観音	浅草観音	52	カナスキ	金杉（下谷）
7	アサジカハラ	浅茅が原	53	カナスギ	金杉（芝）
8	アザブ	麻布（善福寺）	54	カマクラカシ	鎌倉河岸
9	アスカ山	飛鳥山	55	カメイド	亀戸
10	アタケ	安宅	56	カメヤ	亀屋
11	アタゴ	愛宕（明神）	57	神田	神田
12	アタラシバシ	新し橋	58	神田川	神田川
13	アヅマノモリ	吾孀の森	59	カンヲウシン	感応寺
14	アブラボリ	油堀	60	キシボジン	鬼子母神
15	イヽダマチ	飯田町	61	木バ	木場
16	イガクグハン	医学館	62	行トクカイドウ	行徳街道
17	石川シマ	石川島	63	京ハシ	京橋
18	石ワラ	石原	64	キヨミツ	清水（堂）
19	一ケ谷	市ヶ谷	65	九ダン	九段
20	一ノトリイ	一の鳥居	66	コアミ丁	小網町
21	一ノハシ	一の橋	67	コイシカワ	小石川（御門）
22	イツミバシ	和泉橋	68	コウジ丁	麹町
23	一コクハシ	一石橋	69	コウトクジ	広徳寺
24	五ッ目ワタシ	五ッ目渡し	70	コウフクシ	弘福寺
25	市村ザ	市村座	71	石丁	石町
26	板バシ	板橋	72	ゴ国ジ	護国寺
27	イナリ	稲荷	73	コジユインハラ	護持院原
28	イナリ	稲荷	74	ゴテン山	御殿山
29	イナリ	稲荷	75	コビキ丁	木挽町（森田座）
30	イナリ	稲荷	76	五百ラカン	五百羅漢
31	イマドホリ	今戸堀	77	五ホンマツ	五本松（本所）
32	イリヱ丁	入江町（深川）	78	コマカタ	駒形
33	ウシコミ	牛込	79	コマゴミフジ	駒込富士
34	牛天ジン	牛天神	80	コマトメ石	駒留石
35	牛ノゴセン	牛の御前	81	コムメ	小梅
36	ウバガイケ	姥ヶ池	82	コンケン	権現（根津）
37	エイタイジ	永代寺	83	コンケン	権現（王子）
38	エドハシ	江戸橋	84	ゴンゲン山	権現山
39	王子	王子	85	コンワウ	金王（八幡）
40	大川ハシ	大川橋（吾妻橋）	86	サイフクシ	西福寺（蔵前）
41	大ホトケ	大仏（如来寺）	87	サカイ丁	堺町
42	大門	大門（新吉原）	88	坂本	坂本（上野）
43	御クラマヱ	御蔵前	89	サクラダ	桜田（御門）
44	カヾハラ	加賀原	90	ザコバ	雑魚場
45	カヾミガイケ	鏡が池	91	サメイ	醒井
46	カグラサカ	神楽坂	92	サルイケ	猿池（本所）

あとがき

日本の都市図の変遷を、成立の要素からはじめて、その成立と「洛中洛外図」、展開と「江戸図」(これらは都市図の第一のタイプ)、そして大きな変化としての都市図「江戸一目図」(第二のタイプ)と、たどってきた。京の四季・名所・風俗図としてはじまった都市図は、江戸という近世都市へ受け継がれ、やがて各地の都市図も作られるようになった。

第二のタイプの都市図は、現代の言葉でいえば「バーチャル・リアリティの都市図」であり、江戸ばかりでなく、横山華山や円山応挙によって近世後期の京都の鳥瞰図が描かれ、また幕末には五雲亭貞秀によって横浜や大坂など各地の都市鳥瞰図が描かれた。

人が飛行機やヘリコプター、あるいはハンググライダーに乗って空中から都市を眺めやることが可能となった現代、むしろこうした一目図(鳥瞰図)は描かれなくなった。室町後期からはじまった都市景観図は、明治期まで、その構図や技法上の変化はあったものの、人々の目を上空からの視点でとらえるという、飽くことのない要求を絵に、そして絵師に求めつづけてきたといえよう。

さて、本書の校正中に、山田正子編著『信濃文人の旅—山田松斎宝善堂紀行・参宮紀行—』（龍鳳書房）が刊行されたことを知った。この紀行文を残した山田松斎とは、信州中野（高井郡東江部村）に明和六年（一七六九）に生まれた山田庄左衛門顕孝のことで、亀田鵬斎と師弟関係をもった文人である。寛政異学の禁で昌平坂学問所を追われた亀田鵬斎が、越後出雲崎へ良寛を訪ねての途上、信州中野の漢詩人畔上聖誕を訪れた。その聖誕を介して鵬斎と知己を得た松斎は、七絃琴を鵬斎へ贈り、彼を師と仰いで深く交誼を結んだという。その松斎が、文政六年（一八二三）に江戸へ旅をし、万八楼での鵬斎七十二の賀祝に九歳の孫を連れて参会し、根岸の里、下谷金杉の鵬斎宅に滞在し、すぐ近隣の酒井抱一をはじめ江戸の文人たちと交流をもったことが、松斎著『宝善堂紀行』に見える。

驚くべきことに、この『宝善堂紀行』に、松斎が鍬形蕙斎に「江戸図」を描いてもらった記事が載っている（四月二十九日の条）。松斎は、「丸彦ゑきぬ（絵絹）」を「壱分」で買って蕙斎に与えた。その蕙斎が描いた「きぬ地頼江戸図」は、おそらく「江戸名所之絵」の肉筆画バージョンで、「江戸鳥瞰図」一幅（日本浮世絵博物館蔵）のような「江戸」を

「一目」で見るような「絹本」の絵であったと思われる。「江戸名所之絵」は、一枚摺りの江戸名所データ集成図であると同時に、西洋から入ってきた一点透視図法を用いた新しい都市図であった。この肉筆画を絵師蕙斎に所望した人々の中に、津山藩松平家の殿さまをはじめ、信州の文人もいたことに、この斬新な構図と内容のランドスケープ「江戸一目図」が、いかに広く流行したかということを明示している。また、扇面画も蕙斎から入手しており、これらの費用は締めて百疋であった。この時、蕙斎は、没年の前年にあたり、ちょうど還暦の年で、お玉が池に住まいしていた。

本書を成すにあたり、これまでの都市図や鍬形蕙斎（北尾政美）の調査や研究に際して多くの方々に種々のご教示を賜ったことに感謝する。また、貴重な所蔵品の図版を掲載されることを快諾された諸氏・諸機関に御礼を申し上げる。

二〇〇一年霜月

小　澤　　弘

参考文献

○都市図屏風関係（都市図の系譜に関連するものにとどめた）
田中喜作「狩野永徳と洛中洛外図屏風」（『宝雲』三）
田中喜作「洛中洛外図攷」（『美術研究』三六）
堀口捨己「洛中洛外図屏風の建築的研究―室町時代の住宅考―」（『画論』一八）
近藤市太郎概説『近世初期風俗画』東京国立博物館
武田恒夫『洛中洛外図』角川書店
山根有三『桃山の風俗画』（日本の美術一七）平凡社
武田恒夫『近世初期風俗画』（日本の美術二〇）至文堂
辻惟雄『洛中洛外図』（日本の美術一二一）至文堂
石田尚豊「洛中洛外図屏風覚書（下京）―その写実性―」（『MUSEUM』八八）
石田尚豊「洛中洛外図屏風について―その鳥瞰的構成―」（『美術史』三〇）
内藤昌「近世洛中洛外図屏風の景観類型―新出図の考察を契機として―」（『國華』九五九）
小澤弘「洛中洛外図屏風の研究」（『浮世絵芸術』四五）
武田恒夫編『風俗画―洛中洛外』（日本屏風絵集成一一）講談社
岡見正雄・佐竹昭広『標注洛中洛外屏風上杉本』岩波書店

林屋辰三郎・村重寧編『洛中洛外（一）』（近世風俗図譜三）小学館
川嶋将生・辻惟雄編『洛中洛外（二）』（近世風俗図譜四）小学館
林屋辰三郎『京の四季―洛中洛外図屏風の人びと』岩波書店
石田尚豊ほか編『洛中洛外図大観』小学館
今谷明『京都・一五四七年―描かれた中世都市』平凡社
高橋康夫『洛中洛外―環境文化の中世史』平凡社
小澤弘・川嶋将生『図説上杉本洛中洛外図屏風を見る』河出書房新社
『文学』五二（「洛中洛外屛風の世界」特集号）岩波書店
奥平俊六『洛中洛外図と南蛮屏風』小学館
小林忠・高橋康夫・辻惟雄『國華』一一〇五（特輯洛中洛外図）
安達啓子「月次風俗図扇面とやまと絵」（『MUSEUM』五一一）
勝盛典子「画帖形式の洛中洛外図について」（『古美術』八一）
瀬田勝哉『洛中洛外の群像・失われた中世都市へ』平凡社
狩野博幸「洛中洛外図の流れ」『都の形象-洛中・洛外の世界』京都国立博物館
武田恒夫『日本絵画と歳時―景物画史論』ぺりかん社
鈴木進・村井益男・平井聖・山辺知行・萩原龍夫・石井謙治『江戸図屏風』平凡社
諏訪春雄・内藤昌『江戸図屏風』毎日新聞社
国立歴史民俗博物館編『描かれた江戸』国立歴史民俗博物館

水藤真「『江戸図屏風』制作の周辺―その作者・制作年代・制作の意図などの模索―」（『国立歴史民俗博物館研究年報』三一）
小澤弘・丸山伸彦編『図説江戸図屏風をよむ』河出書房新社
小木新造・竹内誠編『江戸名所図屏風の世界』岩波書店
黒田日出男「誰が、何時頃、江戸図屏風をつくったのか？」（『王の身体王の肖像』平凡社）
小澤弘「都市景観図の形成に関する一考察―「江戸一目図屏風」をめぐって―付、「名所風俗図」の研究における諸問題」『国立歴史民俗博物館年報』六〇）
小澤弘「絵図と地図のはざま―厚木市本「江戸図」屏風を中心に―」（『調布日本文化』一〇）
小澤弘「描かれた日本の都市」（『史潮』新四八）
岡野智子「江戸名所図の誕生―細見美術館本「江戸名所遊楽図屏風」を中心に―」（『美術史』一四六）
水藤真・加藤貴編『江戸図屏風を読む』東京堂
近松鴻二「「武州豊嶋郡江戸庄図」の基礎研究」（『東京都江戸東京博物館研究報告』二）
加藤貴「寛永江戸図の再検討」（『日本史攻究』二四）
辻惟雄・榊原悟・岩崎均史・波多野純『國華』一二三七（特輯江戸天下祭図屏風）
岸文和『江戸の遠近法―浮絵の視覚―』頸草書房
○鍬形蕙斎紹真（北尾政美）関係
三成重敬・脇本楽之軒「鍬形蕙斎を語る」（『画説』三三）
森銑三「鍬形蕙斎のことども」（『画説』三三）（「鍬形蕙斎雑俎」『森銑三著作集』三、中央公論社）

三村清三郎「青山廬冗話齋に関聯して」（『画説』三三）
漆山又四郎「鍬形蕙斎の絵本」（『画説』三三）
漆山又四郎「北尾政美と其作品」（『書物展望』八―一）
饗庭篁村「鍬形蕙斎」（『國華』六）
「蕙斎」（『國華』一一〇）
星野朝陽「北尾蕙斎と風景画」（『美術画報』四六―五）
星野朝陽「鍬形蕙斎紹真」（『書画骨董雑誌』二七六）
田中一松「鍬形蕙斎の略画式に就て」（『アトリエ』三―一）
鈴木進「鍬形蕙斎筆職人尽絵巻解題」（『校刊美術史料』三六）（『校刊美術史料続篇』四）
楢崎宗重「北尾政美筆金竜山浅草寺筑波遠望図」（『國華』一一一一）
田中達也「文雅の画派、北尾派」（『肉筆浮世絵』五、集英社）
田中達也「北尾政美（Ⅰ）―（Ⅳ）」（『麻布美術館だより』一九〜二二）
狩野博幸「鍬形蕙斎絵本の検討」（『ミューゼアム』三三八）
狩野博幸「広重と蕙斎―写生派の影響について―」（『幕末の百花譜―江戸末期の花鳥』八、学習研究社）
内田欽三「鍬形蕙斎筆「江戸一目図屛風」の成立をめぐって」（『サントリー美術館論集』三）
内田欽三「鍬形蕙斎筆「東都繁昌図巻」をめぐって―江戸名所絵の成立に関する一試論―」（『ミューゼアム』四九六）

Henry D. Smith II, World Without Walls: Kuwagata Keisai's Panoramic Vision of Japan (Japan and the World: Essays on Japanese History and Politics in Honor of Ishida Takeshi. London: Macmillan Press in Association with St. Antony's College, Oxford

小澤弘「津山藩抱え絵師鍬形蕙斎紹真の研究序説」(『調布日本文化』一)

小澤弘「鍬形蕙斎紹真(北尾政美)の総合的研究」(『鹿島美術財団研究報告年報』別冊)

小澤弘・内田欽三・喜多正子・小島惟夫『蕙斎『江都名所図会』』大空社

小澤弘「鍬形蕙斎と江戸の図像「江戸一目図」」(小木新造編『江戸東京学への招待I　文化誌編』日本放送出版協会

神尾齋解説『美作の近世絵画—津山狩野派の絵師たち—』

安守収「津山狩野派の絵師たち」(『美作の近世絵画—津山狩野派の絵師たち—』)

安藤治「ふたつの狩野家」(津山郷土博物館『博物館だより』四)

安田吉人「名所図会と『江都名所図会』」(『名所図会・江戸から東京へ—鍬形蕙斎の『江都名所図会』を中心に』、福生市郷土資料室)

渥美國泰『江戸の工夫者鍬形蕙斎—北斎に消された男』芸術新聞社

宮尾與男「北尾政美の処女作—『落咄小鍋立』の刊年考—」(『語文』一〇四)

岩田秀行「北尾政美画「いかつちつる介　松本幸四郎」」(『浮世絵芸術』一二九)

著者紹介

一九四七年、長野県に生まれる

一九七八年、明治大学大学院文学研究科博士課程修了

東京都江戸東京博物館教授を経て、現在淑徳大学人文学部客員教授・江戸東京博物館名誉研究員

主要著書

狩野永徳　図説江戸図屏風を読む〈編〉　図説上杉本洛中洛外図屏風を見る〈編〉　蕙斎『江都名所図会』〈編〉　諸職風俗図絵〈編〉　『熙代勝覧』の日本橋〈共著〉

歴史文化ライブラリー
136

都市図の系譜と江戸

二〇〇二年(平成十四)二月一日　第一刷発行

著　者　小《お》澤《ざわ》　弘《ひろむ》

発行者　林　英　男

発行所　株式会社　吉川弘文館

東京都文京区本郷七丁目二番八号

郵便番号一一三―〇〇三三

電話〇三―三八一三―九一五一〈代表〉

振替口座〇〇一〇〇―五―二四四

印刷＝平文社　製本＝ナショナル製本

装幀＝山崎　登

歴史文化ライブラリー

1996.10

刊行のことば

現今の日本および国際社会は、さまざまな面で大変動の時代を迎えておりますが、近づきつつある二十一世紀は人類史の到達点として、物質的な繁栄のみならず文化や自然・社会環境を謳歌できる平和な社会でなければなりません。しかしながら高度成長・技術革新にともなう急激な変貌は「自己本位な刹那主義」の風潮を生みだし、先人が築いてきた歴史や文化に学ぶ余裕もなく、いまだ明るい人類の将来が展望できていないようにも見えます。このような状況を踏まえ、よりよい二十一世紀社会を築くために、人類誕生から現在に至る「人類の遺産・教訓」としてのあらゆる分野の歴史と文化を「歴史文化ライブラリー」として刊行することといたしました。

小社は、安政四年（一八五七）の創業以来、一貫して歴史学を中心とした専門出版社として書籍を刊行しつづけてまいりました。その経験を生かし、学問成果にもとづいた本叢書を刊行し社会的要請に応えて行きたいと考えております。

現代は、マスメディアが発達した高度情報化社会といわれますが、私どもはあくまでも活字を主体とした出版こそ、ものの本質を考える基礎と信じ、本叢書をとおして社会に訴えてまいりたいと思います。これから生まれでる一冊一冊が、それぞれの読者を知的冒険の旅へと誘い、希望に満ちた人類の未来を構築する糧となれば幸いです。

吉川弘文館

〈オンデマンド版〉
都市図の系譜と江戸

歴史文化ライブラリー
136

2019年（令和元）9月1日　発行

著　者　小《お》澤《ざわ》　弘《ひろむ》
発行者　吉 川 道 郎
発行所　株式会社　吉川弘文館
〒113-0033　東京都文京区本郷7丁目2番8号
TEL　03-3813-9151〈代表〉
URL　http://www.yoshikawa-k.co.jp/

印刷・製本　大日本印刷株式会社
装　幀　清水良洋・宮崎萌美

小澤　弘（1947～）

ISBN978-4-642-75536-8